Autonomie ou solitude de l'enfant

la lettre DU GRAPE

Parution trimestrielle

Directeur de publication :
Serge Lesourd

Comité de rédaction :
Denise Bass
Nicole Chrétien
Pascale Mignon
Arlette Pellé
Françoise Petitot

Rédaction :
GRAPE (Groupe de recherche et d'action pour l'Enfance)
8 rue Mayran
75009 Paris
Tél. : (1) 48 78 30 88

Administration :
Editions Erès
11 rue des Alouettes
31520 Ramonville-Saint-Agne
Tél. : 61 75 15 76
Fax : 61 73 52 89

la lettre DU GRAPE
N° 17 - 1994

Autonomie ou solitude de l'enfant

érès

ISBN : 2.86586.289-5

11 rue des Alouettes, 31520 Ramonville Saint-Agne

la lettre DU GRAPE
N° 17 - 1994

Autonomie ou solitude de l'enfant

Editorial

L'autonomie de l'enfant, de nos jours, est prônée par les éducateurs comme une des valeurs fondamentales de l'éducation. Que ce soit dans ses activités, dans la gestion de son temps, dans son désir même, cette composante princeps de la pédagogie s'impose quasiment au bon sens commun. L'enfant sujet est perçu à travers les développements psychologisants de la pédagogie, comme le noyau central de toute éducation ; il vient soutenir la constitution de cette nouvelle classe sociale — le peuple des enfants —, qui obtient la reconnaissance de ses droits dans la Convention internationale des droits de l'enfant, et dont il a pu être écrit « qu'enfin elle ne serait plus exploitée, mais qu'elle serait reconnue comme telle »[1]. Dans cette nouvelle donne qui se centre autour de l'autonomie de l'enfant, il s'agit bien d'un pari politique nouveau. Or, en politique, ce terme fut déjà, en son temps, utilisé dans un autre domaine, celui de la décolonisation, spécialement dans l'histoire française lors de la décolonisation de l'Algérie. Au temps de la guerre d'Algérie, le Général de Gaulle parlait d'autonomie dans la dépendance, pour l'opposer à l'indépendance dans la solitude demandée, les armes à la main, par le FNL. N'y aurait-il pas à entendre, dans ce lointain passé politique, quelques réflexions pertinentes pour notre présent éducatif ?

Pour osée qu'elle soit, la comparaison n'en mérite pas moins d'être développée, surtout lorsqu'on peut se rappeler l'inquiétude massive, voire le rejet des adultes et des parents face aux adolescents, qui vivent ce temps de la vie où se construit l'autonomie sociale de l'enfant.

Il s'agit donc bien, dans ce numéro, pour les membres du comité de rédaction, de commencer une réflexion qui ne peut se clore sur les textes de cette publication. Nous avons voulu proposer un début de réflexion qui se poursuivra au fil des numéros à venir, réflexion éminemment politique et

1. Rapport des ONG au gouvernement français.

clinique sur le rôle et la place de l'enfant dans ses rapports à la société et aux liens nécessaires à une vie collective.

Trois termes s'articulent dans cette réflexion sur l'autonomie de l'enfant : la dépendance qui est une réalité incontournable de tout petit d'homme dans sa prématurité même ; l'indépendance qui est un idéal de constitution d'un adulte responsable de lui-même et de ses actes dans son rapport aux autres ; l'individualisme, réalité sociale reconnue de tous, et qui constitue un monde où l'autre est vécu au mieux comme partenaire de sa réalisation personnelle, en général comme un étranger, au pire comme dangereux pour sa survie individuelle.

Il nous a donc paru indispensable d'abord de repréciser ce qu'est l'autonomie, moins dans une réalité sociale que dans une construction subjective de l'enfant. Cette autonomie — se nommer tout seul au sens étymologique du terme, comme le rappelle Henri De Caevel — s'éclaire par l'article d'Alain Vulbeau sur l'histoire de l'idiot, cet idiot qui fleurit au XIXe siècle dans la psychiatrie et la pédagogie ; Alain Vulbeau nous rappelle qu'elle est au cœur de la recherche sur le lien social, sur la normalité et sur les liens de dépendance. Elle est une des pierres de la construction de cette notion d'autonomie, l'idiot étant celui qui est parfaitement autonome, soit celui qui refuse de construire des liens. Le rappel de cette origine devrait éclairer les pédagogues modernes qui prônent l'activité de l'enfant (Pascale Mignon) et l'origine des structures d'aide à l'enfant en difficulté. N'oublions pas que nos IMP, IR, EREA sont issus de cette pensée sur l'enfant et sur l'idiot, et que la formule « il ne veut rien apprendre » reste au cœur de bien des réunions de professeurs, et de parents donc !

L'autonomie de l'enfant peut conduire, dans certains cas, à une solitude de l'enfant, comme le souligne Arlette Pellé dans son article en comparant la boulimie télévisuelle de l'enfant et la boulimie de l'adolescente ; solitude qui est la marque d'une difficulté à construire sa subjectivité dans le lien à l'autre, dans l'échange humain. Solitude encore, cette « errance solitaire du bateau ivre » que nous propose Dominique Bondu dans son texte sur l'adolescent confronté à l'impasse de l'autonomie dans une société où triomphe l'individualisme. Solitude encore, celle de l'enfant confronté au refus de « dire non » de l'adulte face aux sollicitations de la société de consommation et à la réponse par l'objet aux besoins de relations et de lien (Serge Lesourd). Solitude aussi ces textes cliniques (Martine Menès, Denise Barokas et Bernadette Mourlas, Jocelyne Lamalle) qui nous présentent diverses figures de l'enfant dans sa relation difficile à l'adulte parental ou à l'institution.

Conclure cet éditorial apparaît comme une tâche impossible. Entre solitude et autonomie, la limite paraît bien mince qui ferait basculer un sujet d'une construction de sa personnalité autonome dans ses liens aux autres, à une solitude hors lien refermée sur sa satisfaction pulsionnelle immédiate. Entre solitude et autonomie, comment choisir ? Comment faire le tri et proposer à l'enfant une autonomie qui ne soit pas indifférence à l'autre ? Il ne s'agira donc pas, ici, de trouver une réponse, mais bien de poursuivre un effort qui permette à l'enfant de constituer son autonomie tout en sachant que celle-ci passe par un lien indispensable aux autres de l'enfance, les parents.

Serge Lesourd
Directeur de la publication

« L'autonomie du sujet », leurre ou valeur ?

Henri De Caevel

> *« Qu'un supposé Martien observe, au bout de son télescope géant, le comportement des humains, il ne supposerait pas, à voir leurs attitudes grégaires et répétitives, que chacun de ces milliards de petits bonshommes se croit libre et autonome ! »*

En 1958, préparant une issue honorable à la guerre d'Algérie, le Général de Gaulle lança une proposition miracle : « L'autodétermination » du peuple algérien. Tout le monde fut surpris ! Ce mot — qui passait pratiquement pour un néologisme à l'époque — a connu un étonnant succès. Depuis lors, le moindre petit groupe social qui veut se libérer de la tutelle d'un quelconque pouvoir se réclame à son tour du droit à « l'autodétermination ».

Un groupe qui réclame son droit à l'autodétermination entreprend en fait une démarche qui vise à l'obtention *de son indépendance, de son autonomie.* Si ces deux notions peuvent apparaître, en première analyse, comme des synonymes, il est intéressant, au début de notre réflexion sur l'autonomie individuelle, de distinguer avec précision la signification de ces concepts.

Indépendance

La notion d'*indépendance* ne peut se cerner qu'en relation à la notion dont elle se détache, la *dépendance.* Un détour par le dictionnaire nous apprend que le verbe « dépendre » a deux sens très différents : l'un est « dépendre ce qui était pendu », signification qui semble donner une certaine libération ; l'autre, venant du latin *deprendere,* signifie « être sous l'autorité

Henri De Caevel, psychanalyste, Tournai (Belgique).

de quelqu'un, sous sa dépendance ». Au mot *dépendance*, nous sommes renvoyés à nouveau à deux synonymes : « sujétion » et « subordination ». Le *Petit Larousse* nous signale aussi qu'en économie, la dépendance est « l'état dans lequel se trouve l'économie d'une nation par rapport à celle d'un autre pays ». Il peut être intéressant de signaler encore deux autres sens du concept de dépendance : la dépendance est « la situation d'une personne ne pouvant se passer de l'usage d'une drogue », et — ce qui ne nous aidera guère — une dépendance est un bâtiment annexe d'une grande maison[1].

Retenons de ces définitions que la *dépendance* est plus spécifiquement une notion de *subordination économique*. On pourrait, à la limite, appliquer cette spécificité à la dépendance des drogués : ils sont dans un état de dépendance au niveau de leur économie libidinale interne autant qu'au niveau de leurs petites économies !

Autonomie

Le sens étymologique d'autonomie nous envoie, lui, du côté de la loi. Elle est définie comme la « liberté de se gouverner par ses propres lois ». Sur le plan social, reconnaître à un groupe social son droit à l'autonomie, c'est lui reconnaître le droit de promulguer ses propres lois, au lieu de devoir se soumettre aux lois imposées par d'autres groupes. L'autonomie est donc un concept applicable essentiellement en ce qui concerne les lois civiles, là où l'indépendance est un concept qui trouve plutôt son sens sur le plan économique.

Au-delà du politique et du social où la notion d'autonomie prend son sens originel, voyons ce qu'elle devient quand elle concerne un individu. Au sens strict, mais en appliquant ce sens à la réflexion individuelle, on peut écrire d'emblée que *l'autonomie est l'état de celui qui serait l'auteur de sa propre loi, des principes directeurs de sa propre vie.*

Dans les années 60, on qualifiait d'« autonomes » les individus qui se joignaient aux manifestations sociales, aux « manifs », sans se regrouper sous la bannière d'un syndicat officiel, d'une organisation reconnue. Pour les organisateurs — qui ne les comptaient pas dans les 100 000 participants — comme pour le pouvoir policier — qui les comptait dans les 30 000 manifestants recensés —, ces « autonomes » étaient logiquement stigmatisés comme étant les mauvais, les « casseurs », comme on dit aujourd'hui. Ainsi, aux yeux des détenteurs du pouvoir, l'autonomie des individus n'est pas reconnue comme une qualité ! C'est que le projet de celui qui se dit « autonome » est bien d'être le maître des lois auxquelles il se soumet. Pourrait-on aller jusqu'à dire qu'*un sujet réellement autonome serait un être asocial*, voire

1. L'épouse d'un de mes patients lui reprochait d'être resté, face à sa mère, dans un état de dépendance. L'homme ne voulait pas comprendre ces reproches, et, comme pour assurer sa défense, il lança cette étonnante remarque : « Pour moi, la dépendance c'est le local où l'on mettait le sapin et les boules après la fête de Noël ! ».

antisocial ? On verra plus loin que cette réflexion peut aller jusqu'à le suspecter d'être *amoral* !

Sujet

Pour avancer dans cette équivoque, il me faut rappeler ici, en résumé, les idées sur la notion de « sujet » que j'ai développées lors du colloque du GRAPE, à Dijon, en décembre 1993[2].

Le sujet, dans son sens étymologique, est celui qui est *subjectus*, qui, tel un esclave, est jeté sous les pieds de son Maître. Dérivent directement de ce sens premier, une expression comme « les sujets de sa gracieuse Majesté » ou, après un léger décalage, « je suis sujet aux refroidissements ». Chacun d'entre nous, de naissance, est donc un sujet de l'Etat dans lequel il a vu le jour, état qui est en droit de lui imposer ses lois. Dans le même ordre d'idée, je rappelle que « dépendance » a pour synonyme *sujétion* et *subordination.*

C'est au siècle des Lumières que se fit le glissement de sens qui fit du sujet une « conscience libre, donatrice de sens à la vie ». Etrange évolution : dans cette acception, sujet signifie le contraire de ce qu'en laisse supposer l'origine latine. Le sujet soumis (sous-mis), esclave, devient ainsi son propre maître, devient un homme libre, ayant la capacité de se diriger par ses propres lois ! Dans ce sens, parler d'*un sujet autonome* est énoncer un pléonasme. L'étude de cette notion nous démontre une fois de plus combien le vocabulaire peut être piégeant. Il ne suffit pas que deux interlocuteurs parlent ou écrivent la même langue pour qu'ils aient une chance de se comprendre. Pauvres hommes, sujets autonomes mais aussi sujets du même Etat de droit !

Cette étrangeté de la langue ne fait que refléter l'ambiguïté de la condition de « parl'être ». C'est que nous, les humains, si nous pouvons philosopher et nous déclarer capables de donner à nos actes un sens qui ne soit pas simplement celui que voudrait nous imposer notre condition animale, c'est que nous parlons. Or, pour parler et avoir une chance de se faire comprendre, il faut bien accepter d'*être « soumis » aux lois d'une langue.*

Initialement, pour chacun d'entre nous, cette langue de la première soumission est celle qui nous fut imposée par le simple fait d'être né de telle mère, dans telle culture, à telle époque. Mais, heureusement, la langue laisse des espaces d'autonomie, permet des inventions, des créations, notamment sous la plume des poètes ou dans la création des néologismes. Un sujet parlant, soumis habituellement aux règles de la langue comme l'esclave à son Maître, révèle alors qu'il peut donner, par un désir personnel, un sens nouveau à sa vie, voire à la vie. C'est l'émergence, rare mais fondamentale, de ce que les psychanalystes appellent « le sujet de l'inconscient ». Généralement caché sous les contraintes des règles linguistiques et sociales, il est

2. *Protéger l'enfant en danger. Une pratique des conflits*, Toulouse, Erès, 1994.

pourtant celui qui justifie la priorité donnée à l'individu dans ce qu'il est convenu d'appeler « les droits de l'homme », de l'homme au singulier !

Morale et éthique

Vouloir être *un sujet autonome* est donc une revendication bien ambiguë, même si elle est vécue comme essentielle par nos contemporains. L'étrangeté de cette question n'a pas échappé aux philosophes, et la fortune actuelle de la vieille notion d'*éthique*, déjà chère à Aristote et aux autres penseurs de la Grèce antique mais revenue dans la bouche de chacun depuis quelques années, est liée à la nécessité contemporaine de résoudre, de l'autonomie, les... antinomies.

André Comte-Sponville, dans son ouvrage paru en 1994 et intitulé *Valeur et vérité*[3], consacre un chapitre à la relation entre « morale et éthique ». Ces pages vont étayer la poursuite de notre réflexion sur l'autonomie.

Dans la ligne de pensée de Spinoza notamment, ce philosophe distingue nettement éthique et morale : *l'éthique* se rapporte aux perceptions spécifiques de chaque homme, qui peut distinguer « ce qui est bon pour moi » de « ce qui est mauvais pour moi » et, à l'opposé, *la morale* se réfère à des valeurs fondamentales, à prétention universelle comme « le Bien » et « le Mal ». Ce qui a pour conséquence que les hommes moraux doivent se plier à des préceptes imposés par les autres. On peut donc dire que « toute éthique est particulière », comme la perception de ce qui est bon ou mauvais pour tel particulier. Si la morale peut viser à unir tous les hommes, « l'éthique n'unit les particuliers qu'à proportion du désir de chacun » (p. 189).

Une constatation revient et insiste : *il y a antinomie entre la notion d'autonomie du sujet, qui se réfère à son éthique personnelle pour orienter ses choix, et la conception sociale de sujet soumis aux lois de l'Etat et qui se réfère à la morale pour décider de ses actes.*

En ce sens, l'autonomie — actuellement très prisée, plus appréciée que l'obéissance — est une « valeur » proche de l'éthique que nos contemporains semblent « préférer » souvent à la morale. D'un homme dont le comportement se réfère à une éthique personnelle stricte, ses concitoyens peuvent dire qu'il est un « homme de valeur ». La société, elle, se doit de reconnaître et de promouvoir comme « valeur » le sens moral de ses membres. Elle est en droit de les mettre en garde contre la mode de l'éthique, qui pourrait fonctionner comme un leurre pour les détourner de leurs responsabilités sociales et morales, au profit de gens dont l'éthique égocentrique est en contradiction avec les intérêts collectifs.

3. André Comte-Sponville, *Valeur et vérité. Etudes cyniques*. Paris, PUF, Perspectives critiques, 1994.

Alors, chers humains du XXe siècle, sommes-nous sur le chemin de la désintégration sociale quand, à cors et à cris, nous réclamons chacun notre droit à l'autonomie ? On pourrait le craindre ! Il y a indiscutablement un conflit entre le pouvoir législatif qui assure la vie sociale et le pouvoir « auto-législatif » qui est sous-entendu dans la revendication des individus à l'autonomie personnelle, au droit de « disposer librement de soi-même ».

Mon auto, c'est ma liberté !

Solange parle d'elle comme si elle était, depuis toujours, une petite voiture téléguidée, comme celle qu'elle vient d'offrir à son fils. « Quand j'étais petite, et même encore adolescente, c'était Maman qui tenait la télécommande. Je me suis mariée, et mon mari a pris le relais ! Ce n'est que maintenant, depuis que le conflit a éclaté dans mon couple, et surtout depuis que je viens vous voir, que j'ai l'impression de devenir, enfin, « automobile ».

Cette brève vignette clinique me permet d'aborder une autre version moderne de la position du sujet, sa capacité d'être « auto-mobile ». Même si, étonnamment, la notion de mobilisation n'est plus guère à la mode dans notre société, en paix malgré la « crise des valeurs » qui y régnerait, notre siècle est celui de l'automobile !

La découverte de la joie liée à l'auto-mobilité commence très tôt dans la vie de chaque petit humain. Après avoir été transporté pendant neuf mois dans le ventre de sa mère, puis dans les bras des adultes (ou sur leur dos, ou sur leur ventre), dès que cela lui est possible, il veut se déplacer seul. A quatre pattes, puis debout, il avance, il marche. Il devient, dans ses déplacements, de plus en plus autonome. Permettez-moi de relier cette affirmation à la signification donnée, dans le jargon de l'automobile, à l'autonomie : « Distance qu'un véhicule peut parcourir sans devoir se ravitailler en carburant ».

« Autonomiser »

Dans la foulée de la mode de l'éthique, la vogue des notions d'automobilité et d'autonomie a provoqué l'apparition, dans le jargon médico-social, d'un néologisme : le verbe « autonomiser ». Le mot d'ordre actuel chez les soignants est d'autonomiser à tout prix les malades et les vieillards, les aveugles et les culs-de-jatte, les diabétiques et les psychotiques, les enfants placés et les adolescents en difficulté. Ne serait-il pas plus judicieux de ne proposer une aide en ce sens qu'à certains des individus ainsi classés dans une de ces catégories d'immobiles ? Pourquoi vouloir supposer chez tous le goût de l'autonomie, qui n'est peut-être pas, pour chacun, une valeur, un souhait personnel ? Pourquoi refuser de voir que certains préfèrent profiter des avantages qu'offre notre organisation des soins pour se laisser vivre, et même se laisser mourir, dans une douce dépendance à une armée de soignants ? Pourquoi ne pas leur offrir le droit de choisir — ou non — l'autonomie ?

Dans une publication comme *La lettre du GRAPE*, j'ose à peine proposer d'étendre à l'éducation des enfants cette réflexion sur l'étrange et contradictoire obligation de « s'autonomiser », qui se perçoit dans des injonctions qui se veulent éducatives : « Autonomise-toi, petit fainéant ! ». J'y reviendrai dans les conclusions.

Liberté

Pour situer une notion proche, la notion de *liberté*, repérons-en l'émergence dans des expressions actuelles comme « la libre circulation des personnes » — celle que l'Europe veut assurer à ses ressortissants —, ou comme « mon auto c'est ma liberté » — slogan classique des « automobile clubs ».

J'ai eu très peu recours au mot liberté depuis le début de cet article. Pourtant, la seule manière de « mobiliser » encore des hommes à notre époque, de les lancer dans de grandes « manifs », pourrait bien être de les brancher sur le thème « des libertés ». Or les philosophes s'interrogent : « Et si la liberté n'était qu'une illusion ? ». Une illusion délirante disent même certains psychanalystes ! En tout cas, *être parfaitement libre* est une expérience que nul ne peut connaître, sauf à se voiler les yeux, sauf à prendre les vessies de ses illusions pour les lanternes de la réalité.

Or *la sensation de liberté* est éprouvée, à certains moments du moins, par la plupart des hommes. L'expérience de grande joie qui l'accompagne se trouve être, vraisemblablement, à l'origine de l'ancestrale revendication de liberté. Issue de la vieille lutte des esclaves enviant le sort des hommes libres, lutte qui, sous une forme atténuée, est toujours d'actualité dans bien des rapports sociaux et familiaux, « liberté » est et reste un mot clé de tout langage révolutionnaire.

Cette valeur de la liberté a été largement soulignée dans les commentaires du 50ème anniversaire de la Libération, en juin dernier. Il était logique de fêter la fin de l'oppression nazie, qui imposait une chape de subordination autrement plus lourde que notre banale sujétion démocratique au pouvoir de l'Etat. Un commentaire de la presse régionale me paraît à cet égard instructif, et même amusant à qui se souviendra de ce que j'ai évoqué ci-dessus de l'évolution de sens du mot sujet : « Rappelons-nous que la commémoration de la Libération est aussi un hommage à ceux qui ont donné leur vie pour que nous puissions récupérer notre droit à disposer de nous-mêmes. Sachons réapprendre à apprécier notre liberté de choisir et traiter avec respect le geste qui fait de nous des citoyens et non des sujets »[4].

Au terme de ces quelques considérations sur la liberté, que voudrait dire cette notion quand on l'applique à un enfant ? Les Nations Unies, le 20 janvier 1989 ont décrété « les droits de l'enfant ». A tout enfant est notamment reconnu le droit de s'exprimer, d'être entendu, de participer aux décisions qui le concernent, *la liberté de pensée, la liberté de conscience et de religion.*

Un léger glissement de sens pourrait faire dire qu'un enfant a le droit d'*en faire à sa tête*, de prendre ses décisions *de son propre chef*, ce qui est précisément la crainte de beaucoup de parents et d'éducateurs, plus heureux classiquement quand l'enfant leur obéit ! N'oublions pas que l'origine latine de enfant (*in-fans*) nous rappelle que celui-ci n'a pas la parole, dans le sens d'une parole responsable de citoyen. C'est au terme du processus de l'éducation qu'il aura la parole du citoyen majeur.

Conclusions

Quelle gageure que la fonction éducatrice ! Après avoir permis à leur enfant de grandir dans la totale dépendance et dans la soumission à leurs décisions, les parents doivent accepter de gérer ce qu'on appelle parfois « ses poussées autonomiques ». Ces poussées ne sont pas sans rappeler qu'un petit poussin, pour sortir de son œuf et entrer dans le nouvel espace où il pourra se développer, doit briser à coups de bec la coquille qui l'entoure. Cette image est, à mon sens, le plus bel exemple de la « bonne » agressivité, celle qui est nécessaire à qui veut quitter un état où le mouvement autonome est impossible. Il est important que le petit d'homme aussi « fasse ses dents » si on veut qu'il morde à la vie, si on veut que, dans les situations difficiles, il puisse « en sortir » !

Mais attention ! Poussée d'autonomie ne signifie pas insoumission aux lois essentielles de la vie sociale ! Comme il n'est pas seul au monde, comme dans ce monde « il y a de l'Autre », le jeune doit aussi apprendre la nécessité d'une morale : l'interdit de l'inceste, le « tu ne tueras point », le respect du désir légitime des autres humains et, en général, des lois sociales.

L'instruction lui apprendra aussi à se soumettre aux lois de sa langue maternelle et aux lois du langage en général (faute de quoi son discours adulte sera délirant), et à reconnaître, au détriment de ses infantiles illusions magiques, la véracité des affirmations de la science sur la structure de l'Univers. Il ne pourra être inventif, au niveau de l'expression comme dans l'interprétation scientifique du monde, que s'il a d'abord accepté ces lois.

Un pédopsychiatre belge, le docteur Phillippe Kinoo, disait, en mai 1994, dans son allocution pour le XXème anniversaire d'un IMP : « L'auto-

4. Marc Lestienne, « Editorial », *Le courrier de l'Escaut*, 10 juin 1994.

nomie, ce n'est pas pouvoir se débrouiller tout seul, c'est pouvoir se débrouiller avec les autres ! ».

En ce sens, et en ce sens seulement, on pourrait dire que l'autonomie d'un sujet n'est pas un leurre, mais une valeur.

L'insoutenable autonomie de l'adolescent : l'errance sociale du « bateau ivre »

Dominique Bondu

« Je ne sais pas trop ce que ça veut dire de nos jours d'être jeune [...] Je crois que c'est la plus belle chose qui soit. Mais les problèmes, ils arrivent tous là, pendant la jeunesse [...] Alors je préférerais soit redevenir enfant, soit être plus vieux, avoir passé le stade de la jeunesse [...] »[1].

« Tous ces rêves impossibles ont brisé une partie de ma vie.
Je ne me laisserai plus marcher dessus.
Je veux être tout le monde.
Sans pour autant être le monde.
Je voulais changer les choses qui ne pouvaient pas bouger.
J'ai donc renoncé et j'ai regretté.
Car lorsqu'on a un rêve, il faut aller au bout de ses peines pour qu'il puisse être réel [...] »[2].

« Ces immeubles sont peut-être synonymes d'une certaine froideur. Quand on lève la tête, on n'en voit pas la fin et on se sent tout petit, ridicule, inutile. Peut-être cela me fait penser à la mort puisque c'est immense, impressionnant, voire même effrayant. Ces immeubles traduisent peut-être

Dominique Bondu, sociologue, enseignant à l'IFPTS (Dijon).

1. La parole de cette adolescente est extraite d'une enquête que nous avons conduite auprès de jeunes en difficulté d'insertion, et qui a été publiée sous le titre : *La Bourgogne au miroir de ses jeunes en difficulté*, Paris, Presses de l'INJEP, 1993, 200 p. Les allusions ultérieures à des discours de jeunes rencontrés proviennent de ce même travail.

2. Cette citation et la suivante sont extraites de : François Bon (sous la direction de), *Sang gris, un atelier d'écriture à La Courneuve*, Lagrasse, Verdier, 1992.

tout simplement ma peur, mes angoisses. Cette ville représente très certainement la conception que j'ai de la réalité, de mon entourage [...] ».

Ces paroles énoncées par des jeunes de dix-sept ans expriment parfaitement cette impasse à laquelle des adolescents toujours plus nombreux se trouvent aujourd'hui confrontés, face au monde que les adultes leur lèguent. Et ces difficultés exprimées intensément par ces « adolescents déjà vieux », à la fois lucides et fragiles, nous paraissent être les révélateurs actifs de l'impasse actuelle de notre société en mutation. Nous voudrions, dans le présent texte, en analyser les différents aspects.

A vrai dire, par-delà les généralités qui peuvent être énoncées de tout temps sur la « crise de l'adolescence » — cette période de la vie où tout se transforme en soi et dans son rapport au monde —, il apparaît qu'aujourd'hui des problèmes particuliers se révèlent. Qu'expriment ces adolescents ? Ils nous disent l'impossible identité de l'individu solipsiste. Constitués à travers des bouleversements familiaux et sociaux dont nous ne prenons qu'à peine la mesure, ceux-ci connaissent en effet des difficultés croissantes à définir leur place au sein des hypothétiques cadres hérités de notre société. Et les problèmes envahissants, de tous ordres, qu'ils rencontrent ne renvoient plus simplement à une crise qui caractériserait cet âge de la vie, mais sont bien plus le révélateur d'une perte de cohérence de notre société, par quoi s'enrayent les mécanismes identitaires, constitutifs des individualités sociales.

Par les troubles divers qu'ils expriment, ces adolescents d'aujourd'hui sont bien les symptômes d'une extériorité sociale défaillante, incapable désormais de produire des cadres de référence structurants. En particulier, l'impératif social de l'autonomie individuelle qui oriente les conduites sociales, notamment éducatives, et tel qu'il se donne dans la valeur de l'argent, se traduit bien souvent comme souffrance solitaire de l'adolescent qui, confronté au vide social, est condamné à ne pas pouvoir se constituer comme sujet libre. Tel est le problème central que nous nous proposons d'approfondir ici.

Une sournoise solitude

Postulés par notre société comme devant être autonomes, nombre de jeunes ressentent une douloureuse solitude. Les propos de Magali, lycéenne de dix-sept ans dans la banlieue parisienne, résument avec force cette difficulté de vivre. « Cette ville avec ces grands immeubles où personne ne se connaît, ne se regarde. Pourtant ces gens se voient mais ne se regardent pas. Ils sont là comme des objets, comme des êtres à qui on aurait enlevé tous sentiments humains. Chaque jour des milliers de personnes se croisent et s'ignorent [...] Cette ville représente tout ce que je n'aime pas dans la réalité. Tous ces gens qui s'ignorent, qui ne s'occupent que d'eux-mêmes, même s'ils nous voient souffrir, ils ne s'arrêteront pas : comme s'ils avaient un carton sur la tête. Chaque jour, je vois des tas de visages [...] alors pourquoi est-ce que je me sens si seule, pourquoi est-ce que j'ai besoin de créer un autre monde, dans lequel il n'y aurait que les personnes que je veux voir ? Cette ville représente en fait ma solitude, mon mal de vivre. En fin de compte, elle doit se construire chaque jour de ma vie, puisque chaque jour j'ai des déceptions, des angoisses[2] ».

De même, à travers de nombreuses enquêtes menées auprès d'adolescents et de jeunes, nous avons été frappé par ce sentiment d'isolement manifesté par eux — aux antipodes de l'idée que nous nous faisons du jeune, sans cesse entouré de copains. Ainsi, lorsqu'ils évoquent des moments difficiles de leur vie, bien de ces adolescents reconnaissent qu'ils ne se font pas d'illusions sur leurs semblables, ni même sur une possible solidarité entre eux. Beaucoup se déclarent plutôt solitaires et affirment n'appartenir à aucun groupe. Et même ceux qui, notamment dans certains quartiers urbains, disent être toujours en groupe, évoquent spontanément leur peu d'attachement à leurs compagnons de galère. A vrai dire, ces bandes, souvent changeantes, éphémères, ne sont que des collectifs sériels, comme dirait Jean-Paul Sartre[3], à savoir de simples additions d'individus séparés, telles des files d'attente à un arrêt de bus ou devant l'ANPE. En ce sens, le temps des bandes est bel et bien révolu, en toute rigueur sociologique du terme, la bande constituant un groupe stable d'appartenance, fortement structuré par des valeurs communes et une hiérarchie interne. Aujourd'hui, l'unité qui se joue entre copains n'intervient que négativement, c'est-à-dire contre l'extérieur : les « flics », d'autres « clans », la société. Ces rassemblements s'avèrent le plus souvent anomiques, fluctuants, parce qu'ils sont basés sur le plus petit dénominateur commun. Mais alors cette solidarité est fragile et chacun sait qu'il ne doit compter que sur lui-même. C'est chacun qui se sauvera tout seul : telle est la conviction, très individualiste, qui est chevillée au cœur de bien de ces adolescents. Parfois même, à l'opposé de toute entraide, la loi du plus fort structure les relations entre « copains d'un quartier ». Ce garçon de seize ans, habitant sur une grande ZUP, évoque le problème : « Je me méfie des copains, parce qu'ils sont trop cons. Ils viennent vers nous pour nous taxer des clopes, des trucs comme ça, et après, ils nous parlent plus... ». Et celui-ci, très amer, qui a eu par le passé des démêlés avec la justice, affirme : « Les gars de la cité, ils restent tous ici, et il y a rien que des ennemis de clans. Ici, c'est chacun pour sa peau. Une fois que tu es en prison, ils t'oublient ; c'est pas des copains pour moi. Et des amis, j'en ai pas ». Tel autre encore, âgé de dix-huit ans : « Je fais confiance en personne, je peux compter que sur moi-même... Des jeunes, non, il vaut mieux pas trop compter sur eux. Il faut que j'aie confiance en moi, il faut que j'oublie tous les copains, il faut que je me démerde tout seul... ». Enfin, parmi bien d'autres encore, cette jeune fille en échec scolaire, vivant avec ses parents dans un petit village, affirme : « Je peux compter que sur mon copain, c'est

3. Jean-Paul Sartre, *Critique de la raison dialectique*, Paris, Gallimard, 1960, 755 p.

tout, mais je lui demande rien. Avec les copains, on se voit pour rigoler ; mais je parle pas de mes problèmes avec eux... ». Et ce dernier jeune rencontré de conclure : « C'est vrai, les amis, on peut plus compter sur eux maintenant... ». Ainsi la confiance en l'autre ne semble plus perçue par ces jeunes comme une valeur nécessaire. Bien au contraire, la méfiance à l'égard d'autrui, y compris du copain, semble être devenue un principe guidant les conduites relationnelles. « On ne peut compter sur personne », tel est le leitmotiv des discours recueillis.

On peut se demander dans quelle mesure ces adolescents solitaires, loin d'être les éternels représentants d'un romantisme juvénile qui se complaît dans les « rêveries du promeneur solitaire », n'apparaissent pas comme les premiers objets possibles d'une « ethnologie de la solitude », pour reprendre l'expression de l'anthropologue Marc Augé[4] : « C'est dans l'anonymat du non-lieu que s'éprouve solitairement la communauté des destins humains. Il y aura place demain, il y a peut-être déjà place aujourd'hui, malgré la contradiction apparente des termes, pour une ethnologie de la solitude ».

Exister par l'argent

Corrélativement à cet isolement social, qui se donne à travers un fort mouvement d'indépendance, tout à la fois volontaire et subi, l'adolescent associe très tôt la réalité de son existence, de sa reconnaissance sociale au pouvoir de l'argent. Toute une série de constats portant sur les modalités des échanges pratiqués par les jeunes et même, déjà, les enfants d'âge scolaire, concourent à la même conclusion : la relation à l'autre est conçue de plus en plus tôt comme une transaction entre intérêts individuels opposés, et l'espace des relations se vit comme un « champ de foire » où chacun cherche à faire des affaires, à pratiquer son « business ». De fait, animés d'un fort réalisme qui les amène à adopter la logique dominante de l'individualisme, à l'image de la société, tous ces adolescents n'adhèrent bien souvent qu'à ce qui leur paraît être l'ultime valeur repérable de notre société : l'argent que l'on considère comme la planche de salut, en ce qu'il permet de s'inscrire en toute indépendance dans ce champ des transactions.

L'argent ? Une majeure partie de jeunes, d'adolescents que nous avons rencontrés n'accordent d'importance qu'à cette abstraction tellement efficiente de nos jours et qu'ils considèrent nettement comme étant un élément essentiel de l'existence. Au départ, s'impose ce constat, tant de fois répété : « Dans la vie, pour les gens maintenant, il n'y a plus que l'argent qui compte, alors... ». Alors, il faut en prendre acte, et faire en sorte d'avoir ce moyen de la liberté et de l'identité. Après tant d'autres, ce jeune de dix-huit ans a déjà parfaitement assimilé la leçon : « Sans argent, tu n'es pas un

4. Marc Augé, *Non-lieux, introduction à une anthropologie de la surmodernité*, Paris, Le Seuil, 1992, 153 p., cf. p. 150.

homme ! », affirme-t-il de façon définitive. Tel autre justifie également la grande importance de l'argent en ces termes : « C'est bien les sous, parce que ce que je veux acheter, je l'ai ; il n'y a pas d'obstacle, pas de barrière... Tu n'as pas d'argent, tu peux pas bouger. L'argent, ça fait le bonheur ! ». Ou encore ce garçon formulant brutalement l'équation : « L'argent, c'est le pouvoir, c'est le respect ». En écho enfin, cette jeune fille : « Sans argent, tu peux rien faire ! ». Comme l'explique en effet avec pertinence cet adolescent rencontré dans une petite ville bourguignonne : « L'argent, c'est important à notre époque, c'est très important parce que tout s'achète. A une certaine époque, même si on n'avait pas d'argent, on se débrouillait bien. Mais maintenant, la personne qui n'a pas d'argent, c'est dingue pour elle... ». Et de « féliciter », loin de tout ressentiment de classe sociale, les jeunes qui ont beaucoup d'argent.

Tel est le nouveau réalisme juvénile. Gagner de l'argent, tout de suite, et si possible beaucoup, voilà l'impératif catégorique pour beaucoup ; et en l'absence de possibilités régulières, certains sont prêts à user de n'importe quel moyen...

Tous ces adolescents manifestent brutalement cette intelligence du social qu'ils ont souvent bien trop tôt intégrée. Et de fait, dans notre monde occidental urbain, l'argent est devenu le plus efficace vecteur des rapports sociaux ; il constitue le principe de médiation le plus étendu entre les individus. Or la généralisation des rapports monétarisés a très largement servi le projet d'autonomie de l'individu moderne. L'argent permet en effet de passer d'un mode de vie basé sur la nécessaire, et parfois contraignante, interdépendance entre tous à une forme d'indépendance où chacun ne dépend plus de quiconque pour sa survie. Dans ce sens, le pouvoir d'achat est devenu pouvoir de vivre, pouvoir d'exister. Comme l'écrit G. Simmel, « l'argent [se donne] comme le support des relations interpersonnelles entre les personnes, et donc de la liberté individuelle » ; tout en favorisant l'« augmentation culturelle du nombre des personnes dont on dépend », il assure « en même temps la diminution des attachements à des individus déterminés »[5].

Ainsi, on peut constater chez les enfants une intériorisation toujours plus précoce de la valeur cardinale de l'argent, principe de tous les échanges. Et l'apprentissage de la vie sociale paraît s'inscrire de plus en plus tôt dans la logique de l'échange monétarisé, selon le modèle du marché. Par exemple, des enseignants évoquent le fait que, dès la classe de sixième et même au CM2, des élèves vendent leurs compétences à d'autres, monnayant leurs devoirs. Et si, bien sûr, des pratiques de troc ont probablement toujours existé entre condisciples, il n'en demeure pas moins que cette introduction de l'argent, signe abstrait de l'échange, dans les relations entre élèves constitue un phénomène nouveau. Il en est de même de toutes ces pratiques de « business », de trafic indistinctement licite et

5. Georg Simmel, *Philosophie de l'argent*, traduction française, PUF, Paris, 1987.

illicite, qui se répandent à l'école, dans les collèges ou sur les quartiers, comme une modalité structurant les rapports sociaux entre adolescents.

A l'« innocence » supposée de l'enfance succède donc brusquement une manière de lucidité aiguisée sur ce que notre société donne à voir comme seule règle du jeu social. Or, seul l'argent a désormais une visibilité sociale évidente et se donne comme la source de toute autonomie individuelle. Tel jeune rencontré, qui se situe comme l'aîné protecteur, affirme clairement en parlant des « petits » : « Maintenant, ils veulent grandir trop vite, ils pensent pas à s'amuser ; ils pensent déjà au fric, faire du fric le plus rapidement possible ». Trop tôt « avertis », ces adolescents brûlent les étapes, renoncent aux évasions de l'enfance, sont déjà, avec cynisme et brutalité, très réalistes.

Or, au nom de l'apprentissage de l'autonomie financière, les parents favorisent incontestablement cette survalorisation précoce de l'argent. Il est en effet frappant de constater le changement complet du statut de l'argent dans la relation éducative. Voilà à peine quelques décennies, l'argent était accordé parcimonieusement par l'adulte à l'enfant comme un cadeau, s'inscrivant en quelque sorte dans une logique de don et de contre-don. Aujourd'hui, on assiste à une sorte de monétarisation généralisée des rapports entre parents et enfants : l'argent de poche est pratiquement devenu un salaire régulier, revendiqué haut et fort par les intéressés ; il est d'ailleurs cocasse d'assister à cette scène fréquente où les enfants revendiquent fermement une augmentation de leur rétribution... Nous voici résolument placés sur le terrain d'une gestion des rapports de force entre droits et intérêts individuels opposés !

Le désir anesthésié dans une temporalité éclatée

Par ailleurs, comme le définit avec pertinence Pierre Lantz[6], l'argent comporte « deux caractères fondamentaux aujourd'hui : domination du monde et symbole imaginaire du monde ; unique lien social aussi bien dans la réalité que dans l'imaginaire ; lieu de connexion mais aussi de connivence dans le plaisir ludique, même si l'emprise qu'il donne sur le monde est imaginaire pour les joueurs pauvres et bien réelle pour les riches. L'argent ne connaît pas le principe de réalité ; il s'affranchit de ses contraintes ; pour lui, il n'existe qu'un seul monde, une totalité qui est la forme originaire, intuitive, de l'appréhension du monde [...] ». « En dissociant les vivants et les morts, la production et l'échange », l'argent suscite l'illusion d'un pouvoir illimité de l'individu : pouvoir de vivre qui est donné comme pouvoir d'achat. C'est bien pourquoi notre société, dans sa survalorisation du principe de l'autonomie individuelle, a accordé un tel prestige à l'argent.

« J'achète, donc j'existe » : l'analyse précédente permet de comprendre pourquoi les adolescents de tous milieux sociaux font leur cet aphorisme, et

6. Pierre Lantz, *L'argent, la mort*, Paris, L'Harmattan, 1988, 208 p., p. 16.

ce de plus en plus tôt dans leur existence. A travers le triomphe de l'argent comme principe universel de l'échange, s'est probablement opéré le recouvrement de deux modalités d'existence, classiquement opposées : le pouvoir d'achat et le pouvoir d'être, l'avoir et l'être.

En tant que principe *ab-strait* de l'échange humain, l'argent délie tout ce qui s'est constitué à travers toute une trame ancestrale complexe ; en ce sens, il affranchit l'individu de tout lien d'appartenance. « L'argent n'a pas d'odeur », dit-on : c'est bien dire qu'on n'en connaît point l'origine ; la totale fluidité des transactions qu'il permet a corrodé tout cadre social où se définissaient les interdépendances entre individus. On conçoit dès lors que, par son pouvoir de séparation, l'argent séduise tellement le jeune adolescent avide de liberté, et qu'il nourrisse sa volonté de toute-puissance. Seulement, un si fort désir de puissance qui ne peut trouver à s'investir dans aucun mandat, nécessairement hérité d'une dépendance reconnue à l'autre, ne risque-t-il pas de se retourner contre lui-même ? Précisons la question un peu différemment.

Le pouvoir identifié à l'argent, l'autonomie individuelle qu'on lui associe auront favorisé l'émergence de ce fait contemporain essentiel, nous semble-t-il, pour comprendre la constitution d'un nouveau type d'individualité adolescente : à l'expérience fondatrice de la rareté s'est substituée pour beaucoup l'illusion première de l'abondance, comme prolongement de la totalité maternelle. Or il est permis de s'interroger sur le type d'individualité qu'est susceptible de produire ce plein en trompe-l'œil. En effet, comme l'affirme Sartre, le principe de rareté a toujours été un déterminant essentiel de la constitution du rapport à soi-même et à l'autre, en permettant que se forge la conscience du désir infini, par le fait même que rien n'est là, tout de suite, immédiatement donné. De même, c'est sans doute l'expérience de la rareté qui, dès l'enfance, oblige chaque être humain à rompre avec la totalité close de l'univers maternel, à apprendre à composer, à compter avec l'autre, à devoir partager — éveil premier du sens de la justice qui constitue probablement la base de la socialisation. Mais alors, la persistance bien au-delà de la prime enfance de l'état apparent d'abondance risque bien de favoriser l'essor d'individus narcissiques, autocentrés et mal socialisés. Aussi n'est-ce pas cela qui explique l'absence de vrais désirs moteurs, constatée chez de nombreux jeunes aujourd'hui ?

Il est surprenant de constater bien souvent, chez des jeunes rencontrés, la même expression de vide à propos de leurs aspirations : soit des clichés tout faits, des stéréotypes débités sans y croire, soit des rêves fumeux que l'on sait inaccessibles, des envies qui tournent en rond, soit encore le rien. En écho, ce jeune d'une petite ville provinciale : « Il y a qu'à voir autour de soi les jeunes, il y a plein de jeunes qui ont envie de pas mal de choses, mais de quoi ? On peut pas savoir, parce que même moi, j'ai envie de pas mal de choses, mais je sais pas lesquelles au juste... Pour déterminer la chose exacte, c'est plus dur ». Ainsi ces adolescents ne sont pas porteurs d'une demande sociale ni d'aucun projet, parce que celle-ci présuppose une dynamique collective, une impulsion créatrice, une part de croyances et d'idéal, l'irremplaçable ressort du désir d'infini. Cruel exemple de lucidité, cette parole assénée par ce jeune : « Je n'ai pas de passion, parce que j'ai perdu la patience... ». S'y manifeste clairement cet affolement anomique du désir qui tue le désir, et dont l'origine remonte à cette distorsion première de la temporalité vécue.

Mais alors, partant de cette analyse, ne peut-on pas comprendre ce trouble malaise, proche de la dépression, manifesté par un nombre croissant d'adolescents ? Face à une société en crise et qui ne leur ouvre guère de perspective, ces jeunes font très tôt l'expérience de la souffrance humaine, comme expérience de « l'écart entre imaginaire et réel », de ce qui « sépare l'homme de l'image de lui-même », cette souffrance diffuse comme l'épreuve du « poids du réel »[7], que le jeune tente de fuir dans l'instant des « délires » où se ressent « l'insoutenable légèreté de l'être ».

Pour un grand nombre — c'est là un signe des temps —, leur représentation de l'avenir est dominée par un sentiment négatif. De même, ils paraissent dans l'incapacité de vivre autrement qu'au jour le jour : le futur semble s'échapper devant eux, de la même façon d'ailleurs que le passé proche leur est déjà insaisissable. On a beaucoup analysé l'incapacité des jeunes en mal d'insertion à se projeter dans l'avenir, à pouvoir anticiper, élaborer des projets, et même à se penser dans le temps. Or ce rapport faussé au temps est moins d'abord la manifestation d'une personnalité destructurée (c'est seulement vrai pour quelques-uns) que la manifestation d'une logique d'atomisation sociale. On peut même se demander dans quelle mesure cette impossibilité à vivre dans la durée temporelle n'est pas simplement l'effet — redoutable — amplifié d'une mutation socioculturelle globale, marquée par le temps pulsionnel de la consommation, où se sont inexorablement dissous tous les repères institués de la temporalité. De la prime enfance à l'état adulte, il n'y a plus d'étapes structurées ni de rites de passage clairement définis. C'est peut-être pour cela que l'adolescence semble devenir cet état élastique et non clairement borné de l'individu narcissique.

Ainsi, on désignera ces jeunes qui sont âgés de vingt et quelques années comme des « adolescents attardés », mais qu'est-ce que l'adolescence ? On en a fait un trait de personnalité transitoire, mais désormais, n'est-ce pas d'abord un état social ?

Le rapport brouillé entre générations

Il convient à présent d'articuler les problèmes de la solitude et du désir exacerbé d'argent, rencontrés chez l'adolescent, à une troisième dimension de la réalité sociale : l'indifférenciation croissante des générations.

7. Denis Vasse, *Le poids du réel, la souffrance*, Paris, Le Seuil, 1983, 193 p.

L'expérience vertigineuse d'une certaine forme de vide social, éprouvée par maints adolescents, renvoie indubitablement au reflux de la société instituée — la société organisée des adultes — au sein de territoires de plus en plus étendus, en particulier en milieu urbain, où la vie sociale se trouve extrêmement atomisée. Or, nous faisons ici l'hypothèse que ce vide provient très largement de la dissolution massive des liens intergénérationnels, laquelle résulte en bonne partie du brouillage des identités sociales liées aux âges de la vie.

Jusqu'à récemment, la vie sociale qui se déployait sur un territoire donné (une communauté villageoise, un quartier ouvrier) était amenée à se structurer sur la base des rapports éducatifs pratiqués entre les générations qui y cohabitaient et grâce auxquels se tissaient de forts liens identitaires. Traditionnellement, tout quartier, tout village s'est ainsi constitué comme l'espace organisé de l'intergénérationnel. A contrario, il est possible aujourd'hui de mesurer combien le défaut de cette relation instituante engendre cette absence de repères communs, constitutifs d'une identité collective — déshérence sociale par quoi il n'existe plus ni héritiers, ni patrimoine, ni enfin transmetteurs. Dès lors, ce sourd malaise d'adolescents et de jeunes toujours plus nombreux à être condamnés à une errance sociale, parce qu'ils sont au sens strict « livrés à eux-mêmes ». Au sein de ces territoires urbains disqualifiés, mais aussi dans ce qui reste d'une ruralité finissante, se consomment ainsi, en parallèle, « une enfance pauvre en relations humaines », et « une vieillesse morne »[8]. Et à défaut de relations instauratrices entre « jeunes » et « vieux », s'y déploie désormais une indifférence distante, teintée d'hostilité et de méfiance mutuelles. Dans leur côtoiement quotidien, les générations ne se reconnaissent plus comme telles : l'un — adolescent ou personne âgée — apparaît toujours comme « en trop » aux yeux de l'autre.

Mais à vrai dire, cette absence de lien, cette distance entre les générations vont de pair avec un recouvrement complet des différences de statut et d'identité, par quoi chacun se trouve ramené au plan de l'autre. Evolution ô combien significative : les façons de s'afficher dans la vie sociale, les manières de se montrer en société se sont considérablement transformées depuis quelques décennies, dans le sens où tout individu, quel que soit son âge, tient également à affirmer la « plénitude » de son être. Ainsi telle mère de quarante ans et sa fille de vingt ans se doivent désormais de tromper les apparences, à travers leur « look », leur allure vestimentaire, à tel point que l'on ne peut plus distinguer l'une de l'autre. De même, ces « jeunes grands-mères » modernes font montre d'une pétulance, d'une fragance qui déjouent pleinement les ruses du vieillissement. Ou encore, les produits antirides pour hommes sont bel et bien en train de représenter un débouché fort lucratif pour les fabricants de cosmétiques, tellement la ride barrant le visage

8. Ces expressions sont empruntées à Alexander Mitscherlich, *Vers la société sans pères*, Paris, Gallimard, 1969, pp. 301 et suiv.

semble être devenue, aux yeux de beaucoup, la marque d'un outrage inacceptable du temps[9].

En fait, ces mises en scène de soi sont orientées par un impératif social majeur : la recherche d'une conformité optimale au modèle « jeune ». Alors que le travail du temps est vu non plus comme maturation mais comme intolérable altération de l'être individuel, comme échec de son autonomie, la jeunesse — ou plutôt son mythe — est devenue le modèle de référence commun à tous : chacun veut faire en sorte d'avoir vingt ans.

Dans le même sens, on a pu assister en une trentaine d'années à une mutation profonde de la scène familiale. Et — point central de cette évolution — les relations parents-enfants se situent désormais sur un plan « horizontal », entre individus donnés comme égaux. Le postulat, intériorisé par tous, de l'égalité de droit entre les individus autorise pleinement la comparabilité et la réciprocité entre les membres du groupement familial. Dès lors, ce n'est plus le principe d'autorité due à l'antériorité qui régule les relations intrafamiliales, mais bien plutôt un idéal de connivence, de complicité. Un jeu subtil de séduction, par lequel chacun s'efforce d'obtenir la reconnaissance de ses propres intérêts par l'autre, s'est ainsi substitué à une hiérarchie de statuts parfaitement définis et cloisonnés, et qui s'imposaient à tous. C'est le modèle du copinage qui sert de référence. Mais alors, en même temps que l'on assiste à un appauvrissement fréquent des liens intrafamiliaux où aucune parole fondatrice ne s'échange, se fait jour entre adultes et enfants une nuisible proximité, fondée sur une identité de droits et de statuts : il n'est plus de parents et d'enfants, mais seulement des individus semblables. Et l'on constate aujourd'hui combien des adolescents nombreux se trouvent ainsi mêlés aux préoccupations, aux problèmes — financiers, affectifs, sexuels — des adultes, parce que, dans l'indifférenciation subséquente, aucune réserve n'est de mise. Il n'est pas rare, par exemple, de voir telle mère « en crise » prendre sa fille pour confidente de ses peines de cœur, ou bien un père sémillant rivaliser de séduction donjuanesque avec son fiston…

Seulement, ce brouillage identitaire, où est remis en cause le sens attaché à l'enchaînement des générations, n'est-il pas en grande partie à l'origine du malaise social de l'adolescence ?

9. Nous reprenons ici une idée développée dans un texte que nous avons écrit : « Etre grands-parents : une identité introuvable ? », *dans* : *Quand les grands-parents s'en mêlent* (ouvrage collectif sous la direction de Brigitte Camdessus), Paris, ESF, 1993, 200 p., cf. pp. 25 et suiv.

Un individualisme triomphant, d'où résulte une confusion des places

Or, cette confusion des générations est certainement l'un des symptômes majeurs, résultant de l'extension de la culture individualiste[10]. Comme nous l'avons déjà évoqué, chaque personne est désormais considérée (et se considère elle-même), non plus en vertu de son appartenance à une génération qui en fixerait son statut, son identité sociale, mais au contraire en tant qu'individu titulaire de droits similaires à ceux d'autrui, c'est-à-dire d'intérêts propres à faire valoir dans une même légitimité. Postulé par notre culture moderne comme étant le centre du monde, l'individu « libéré » a fini par concevoir tout lien de dépendance, fondée sur une antériorité, comme une entrave intolérable à son propre accomplissement. Et c'est ainsi que chacun — enfant, adulte — a été incité à ne plus voir dans l'orientation donnée par ses prédécesseurs — parents, grands-parents — qu'un carcan contraignant, qu'une loi arbitraire pour lui-même. Il faut dire que cette loi s'est probablement vidée dans le même temps de tout sens transmissible, structure vacante d'une autorité sans grâce, en quelque sorte non autorisée.

Toutefois, ne résulte-t-il pas de cet individualisme une société où personne — et notamment aucune génération — n'est à sa place, un état social où règne de façon généralisée une « confusion des places » qui constitue pour la cité « le dommage suprême », ainsi que Platon l'avait dénoncé en son temps[11] ?

Entendons cela précisément pour aujourd'hui. Dans son aboutissement, notre culture moderne a entraîné un excès d'individualisme qui désagrège le lien social. L'atomisation subséquente a dissous les cadres sociaux et mentaux circonscrivant les appartenances, ce par quoi une place était assignable à chacun et tout individu savait la place qui lui revenait. Dans un espace social non borné, la concurrence immodérée entre individus intéressés, quel que soit leur âge, suscite l'impossibilité d'une cohérence sociétale. La scène sociale ressemble alors à ce jeu des chaises musicales, où chacun, dans une course effrénée où rien n'est prédéfini, cherche sa place, la meilleure à ses yeux. Inexorablement, pour qu'il y ait des « gagnants » (les *raiders*), il faut que se dégagent des « perdants » (les *losers*) : ce sont les moins rapides. D'une certaine manière, chacun — adolescent, jeune, adulte, vieux — s'est pris au jeu. Et tout individu étant appelé à s'affirmer dans la plénitude intacte de la jeunesse, on conçoit aisément que les plus faibles constitutivement — à savoir ceux qui sont effectivement jeunes — ne parviennent pas à trouver leur place dans cette concurrence débridée entre tous. Dans un monde où tout le monde joue à être jeune, on comprend que les jeunes ne

10. Sur l'individualisme, cf. notamment, Louis Dumont, *Homo aequalis, genèse et épanouissement de l'idéologie économique*, Paris, Gallimard, 1977, et Gilles Lipovetsky, *L'ère du vide, essais sur l'individualisme contemporain*, Paris, Gallimard, 1983.

11. Cf. Platon, *La République*, Paris, Garnier Flammarion, 1966, 433d et suiv.

puissent plus se sentir jeunes. N'est-ce pas là l'origine de ces comportements régressifs que manifestent certaines vogues successives, ayant cours chez les adolescents, et qui consistent à se parer d'attributs infantiles : « totoches » en guise de pendentifs, photos de beaux bébés que l'on s'échange comme cartes postales, peluches en tout genre qu'on accumule dans sa chambre ou sur les vitres des voitures, enfin chansons enfantines qui sont mixées dans des « tubes » à la mode de musique « techno »... ? Ainsi, ces jeunes dégingandés se font enfants, à défaut de pouvoir être conformes aux exigences actuelles de l'être-jeune, défini par les adultes narcissiques. D'où cette impression d'adolescents interminables (on parle même de postadolescents !), donnée par ces jeunes qui se font enfants.

Or, cette impasse dûment constatable nous paraît bel et bien provenir de la logique socioculturelle massive de l'individualisme urbain. En un mot, l'aboutissement ultime de cette vision du monde a précipité la fin des communautés, des groupes d'appartenance — notamment des générations — au sein desquels chacun se voyait assigner une place. Des médiations abstraites — notamment celles de l'argent et des institutions étatiques — se sont substituées peu à peu aux anciennes sociabilités. Mais alors la géométrie des rapports sociaux contemporains ne dessine plus l'agencement des places, c'est-à-dire des identités. Hier, par exemple, on était ouvrier, ou paysan, en famille. Le prix fort de l'émancipation individuelle peut s'apprécier ainsi : le fils d'ouvrier ou de paysan ne sait plus qui il est appelé à être... A défaut de qualités acquises, il risque de n'être rien. Se dévoilent ici les limites de l'individualisme.

Dans l'économie généralisée des intérêts individuels, chacun est invité à optimiser pour son propre compte ses gains d'existence, tout en minorant ses charges. La mobilité sociale se veut la règle : au bout de la course, chacun aura la place qu'il mérite. La « réussite sociale » passe ainsi par la disposition de chacun à définir, anticiper la place qu'il estime devoir être la sienne : résident là toutes les vertus accordées à l'impératif du projet individuel. Seulement, lorsque les régulations ne jouent plus, cette logique sociétale est porteuse d'une déréliction sociale, proche de l'anomie. Dans un tel contexte, chacun poursuit sa propre trajectoire selon une visée exclusive : en l'absence de toute référence, de tout système de valeurs commun, il s'agit alors de répondre à l'unique injonction venue du champ social : « Se vendre au meilleur prix », logique intrinsèquement inflationniste ! Faire sa place consiste à conquérir les meilleures places, projetées en fonction de l'estimation de soi-même. Il est frappant de constater aujourd'hui la répugnance de l'individu narcissique à accepter le jugement sur soi d'autrui, à reconnaître la qualification de son estimation, refus commun de soutenir le regard d'autrui. Ainsi en est-il déjà de l'enseignement : toute sanction du professeur est désormais vue comme arbitraire, c'est-à-dire contestable, car matière à discussion, à confrontation de ce qui ne pourrait être que points de vue, opinions équivalentes. Dès lors, la scène sociale n'est occupée que par le jeu des distinctions sociales, là où chacun cherche à se placer au-dessus. Mais ce jeu débridé entretient des frustrations permanentes : chaque individu veut toujours être plus, et occuper toute la place. Manquant de tenue, chacun veut acquérir une « surface sociale », autrement dit s'étaler... A ce point de vue, est emblématique l'image médiatique du tennisman — « showman » naguère idolâtré : tout à la fois sportif, chanteur, animateur et même « penseur » ! On comprend aisément que Monsieur Tout-le-monde se veuille tel un surfeur glissant à la surface des flux sociaux et que, par suite, il ne soit plus possible d'exister comme femme de ménage. Au plus rusera-t-on avec cette disqualification en se résignant à être « technicien de surface »... Plus gravement, tenir une place dite subalterne — c'est-à-dire « en dessous » — et n'avoir que cette seule place, devient une incongruité sociale, symptôme d'un manque coupable d'envergure. La disparition des groupes d'appartenance a fait que plus personne n'est mandaté pour tenir sa place, à lui seul assignée. Dès lors, il n'est plus concevable d'assumer une place — fût-elle modeste — avec conscience ; on ne peut plus adhérer à l'idée selon quoi « il n'y a pas de sot métier ».

Ainsi, l'on conçoit tout le poids qui s'exerce sur les épaules des adolescents scolarisés, appelés à se dévouer sans réserve au culte de la performance, s'ils veulent devenir quelqu'un.

Bref, la logique sociale de l'intérêt individuel ne peut que susciter une distorsion des rôles sociaux, où chacun se trouve décalé — tenant des conduites déplacées. En son centre, une telle configuration sociale génère en permanence une disqualification sociale avivée, dont les plus jeunes, fragilisés à l'extrême, sont appelés à faire les frais.

L'impasse de l'autonomie...

Notre culture moderne a ainsi consacré l'idéal de l'autonomie, selon quoi l'individu se doit de n'obéir qu'à sa propre loi (du grec *autos nomos*), celle de son désir. De fait, l'autonomie est devenue le paradigme incontesté de bien des champs de l'action humaine : l'éducation et la pédagogie, le travail social, le management d'entreprise, etc. Chacun doit œuvrer obligatoirement à la pleine réalisation de soi-même, conçue comme ipséité : parfaite *identité* de soi avec soi (du latin *idem ens*, le fait d'être soi-même). L'impératif catégorique, si l'on veut exister socialement, consiste à s'affirmer pleinement, en vertu de cette équation univoque : « Je suis moi-même ». Suite à l'effondrement des grandes certitudes communes, chaque moi individuel, devenu sa propre référence, doit se construire son propre univers de valeurs, en composant à sa guise son « menu personnel » parmi la multitude de signes disponibles au « self-service géant » du monde contemporain. Ainsi, voulant échapper à toute aliénation (état où l'on est empêché d'être soi-même), l'individu autonome refuse toute dépendance à autrui, comme étant une négation de soi-même. Appliqué à se défaire des liens qui l'« attachent » à l'autre, il devient cet « individu sans appartenance »[12], à la manière du « bateau ivre » dont parlait Rimbaud, « l'homme aux semelles de vent ». Exister comme individu signifie par là même rejeter comme aliénante toute antériorité fondatrice : il s'agit, au sens strict, de s'auto-fonder, se constituer comme « self made man ». Or, curieusement, on peut légitimement rapprocher cet idéal de l'homme qui s'est fait lui-même de la notion théologique médiévale de l'*ens causa sui,* définissant le principe divin... L'individu autonome ou le petit dieu !

Cependant, piégé par sa « stratégie du vide », l'individu solitaire commence à payer très cher le prix de cette illusoire autonomie. La « déprime » — cette fatigue de l'âme qui se rencontre de plus en plus souvent dès le temps de l'adolescence — est la manifestation envahissante de cette béance (« j'ai l'angoisse », disent les jeunes), où chacun se découvre comme un fond sans fond, pauvre tonneau des Dannaïdes qui se vide sans fin. A vouloir se faire lui-même, s'autoconstituer, l'individu se retrouve vidé avant d'être plein, atome massifié et solitaire, qui s'épuise dans la recherche vaine de sa singularité. L'univers solipsiste, promis dans le paradis imminent de l'image virtuelle, ne dessine-t-il pas dès maintenant le cercle de l'enfer où s'enferme celui qui ne souffre que sa seule présence au monde ?

A vrai dire, dès l'enfance, s'est noué pour beaucoup le drame de l'orphelin. Privé de toute impulsion initiale — le mandat donné par les désormais improbables parents —, le jeune individu se vit sans élan, être-jeté-dans-le-monde, incapable de s'atteindre, car ne pouvant savoir qui il est et où il est. Lui manque le lieu de l'origine, dont il a voulu se déprendre. En d'autres termes, on ne peut que constater aujourd'hui combien, sur la scène sociale, le conflit de générations, à travers lequel s'était forgé le sentiment de la jeunesse, s'est très largement estompé et ne structure désormais plus les rapports identitaires entre générations. D'ailleurs, nous avons été frappés par le discours récurrent de nombreux adolescents et jeunes rencontrés, qui reprochent crûment aux adultes leur inconsistance, leurs esquives permanentes face à eux. « Nous n'avons personne à qui nous frotter, nous confronter », dénoncent-ils avec lucidité...

Comme l'écrit Claude Birman[13], « ici et là l'emporte la même décision d'*autonomie* ». Or l'autonomie isole et risque d'enfermer. Platon fait dire à un prêtre égyptien que les Grecs restent éternellement des enfants. Et peut-être en effet l'autonomie est-elle un enfantillage. Hannah Arendt met en évidence cette idée à propos de la critique de certaines pédagogies : « Il ne faudrait jamais laisser cette ligne (qui sépare les enfants des adultes) devenir un mur qui isole les enfants de la communauté des adultes, comme s'ils ne

12. Cette expression est empruntée à Gérard Mendel, *54 millions d'individus sans appartenance,* Paris, Fayard, 1984.

13. Claude Birman, *dans* : Birman, Mopsik, Zacklad, *Caïn et Abel,* Paris, Grasset, 1980, pp. 10 à 12. La citation d'Hannah Arendt qu'il propose est extraite du livre : *La crise de la culture,* Idées, NRF, 1972, pp. 240 et 250.

vivaient pas dans le même monde et comme si l'enfance était une phase autonome dans la vie d'un homme, et comme si l'enfant était un état humain, capable de vivre selon des lois propres [...] ».

Au-delà de l'intériorité close, redécouvrir l'altérité fondatrice

Se dénoncent ici les limites inhérentes à l'axiomatique sociale de l'autonomie de l'individu intéressé. D'ailleurs, même au plan de l'économie, Albert O. Hirschman[14] a bien démontré la nécessité de la « bienveillance » entre groupes sociaux et individus : cette prévenance sociale qui consiste à s'autolimiter, et à ménager une place à autrui, afin de mieux jouir de la sienne propre. Comme l'affirme un peu plus loin Claude Birman, « la véritable émancipation n'est pas une séparation mais une reconnaissance. Elle ne défait pas les liens d'attachement, mais les rend conscients et librement assumés. Accéder à la "majorité" pour un enfant, devenir soi-même un homme, c'est en un sens se délivrer d'une dépendance. Mais en un sens négatif. Positivement, c'est la chance d'atteindre et de découvrir une tout autre forme d'alliance, éminemment supérieure. [...] Et l'on peut nommer immaturité l'incapacité d'affirmer les liens d'alliance dès que l'on se sent décontenancé par leur métamorphose : c'est la tendance à prendre l'adoucissement d'une dépendance pour le simple relâchement d'une tutelle. Il en naît une impression soudaine d'indépendance, qui n'oriente pas mais donne le vertige. Ce vertige communique une panique qui conduit à l'isolement dans l'autonomie ».

En définitive, tous ces adolescents mal dans leur peau, qui affichent une distance sociale à l'égard des adultes et de « leurs » institutions, manifestent dans le même temps le désir très vif de pouvoir nouer de vrais liens, grâce à l'accueil d'une parole fondatrice. Nombre de ces jeunes rencontrés — en rupture et provoquants, ou bien en retrait et fort timides, mal assurés — nous font très nettement savoir, si nous sommes aptes à les écouter, qu'ils souffrent terriblement d'un manque de dialogue, d'un déficit de parole, comme si en quelque sorte, nulle part, ils ne pouvaient trouver des oreilles attentives, une écoute bienveillante et non sélective. Il est même effarant de constater que nombre d'entre eux passent en quelques années par diverses institutions, et qu'il ne leur en reste rien — pas même le souvenir d'une vraie parole échangée, ni l'impression d'avoir été « entendu ». L'on peut comprendre alors que le discours dominant de bien des jeunes consiste en une négation de ces institutions multiples : « Ça ne sert à rien »...

Ce sont les interactions entre soi et les autres qui constituent soi dans son individualité propre de sujet libre[15]. Goethe évoqua un jour d'une manière forte cette évidence humaine que notre modernité a voulu oublier : « Je

14. Robert O. Hirschman, *L'économie comme science morale et politique*, Paris, Gallimard/Le Seuil/Hautes Etudes, 1984.
15. Cf. par exemple, Anselm Strauss, *Miroirs et masques*, Paris, Métailié, 1992.

confesse ici que j'ai toujours soupçonné dans cette grande tâche, qui paraît si importante, du "Connais-toi toi-même", la ruse d'une cabale de prêtres qui voulaient désorienter l'homme par des exigences impossibles à satisfaire, et le détourner de l'action sur le monde extérieur vers une fausse contemplation intérieure. L'homme ne se connaît lui-même que dans la mesure où il connaît le monde, il ne connaît le monde qu'en lui et ne se connaît que dans le monde[16] ».

Par-delà cet envahissant malaise contemporain, ne sommes-nous pas invités à repenser radicalement le sens de l'extériorité : l'énigme inaugurale de la donation instauratrice ?

Il s'agit bien de percer à jour le coin aveugle de notre culture moderne : la question de l'altérité, incarnée notamment dans celui qui précède tout sujet individuel — le parent, l'aïeul. Loin de n'être que fardeau insupportable, l'héritage reçu — le langage inculqué, la loi transmise, tout ce savoir donné — est seul susceptible de projeter chaque jeune être dans un avenir ouvert. Bien sûr, résultant notamment du désir tout-puissant d'immortalité qui investit l'enfant jusqu'à annihiler son propre élan, le risque est toujours présent que le jeune sujet se trouve enseveli par cet héritage se faisant trop encombrant ; comme le disait Sartre, « quand le père a des projets, le fils a un destin », tel Enée condamné à porter son père Anchise ; d'où la tentation du fils de se débarrasser du poids mort qui l'oppresse. Cependant, il nous faut retrouver le sens d'une donation inaugurale qui ne soit pas *pro-position* barrant l'horizon de celui qui se voit *im-poser* un chemin-destin : par-delà cette concurrence généralisée entre individus intéressés — cette guerre de *positions* où chacun cherche à optimiser son être jusqu'au bout de la vie —, il s'agirait de réinventer la signification profonde d'une économie du don. C'est bien par le bénéfice d'une *donation-retrait* que sont susceptibles de se former des individualités libres et responsables — c'est-à-dire qui se sentent redevables. Et, réciproquement, c'est bien ce don distancié qui peut seul fonder le prestige de l'ancien — du « retraité ». Grâce à la générosité discrète de celui qui « n'a plus rien à prouver », s'assure un legs primordial qui ne vient pas encombrer le récipiendaire car tout le champ libre de l'exister lui est laissé : acte par où se « donne le don de donner »... Du fond de l'expérience humaine, se joue ainsi l'essentielle transmission de cet obscur savoir qui fait la dignité humaine du « suivant »[17].

En dehors de toute valeur marchande, il nous faut en effet pouvoir redécouvrir les vertus de ces objets précieux, légués, qu'évoque Pierre Michon[18] : « A Mourioux, dans mes premiers âges, il arrivait lorsque j'étais malade ou seulement inquiet, que ma grand-mère, pour me divertir, allât chercher les Trésors. J'appelais ainsi deux boîtes de fer-blanc naïvement peintes et cabossées qui avaient jadis contenu des biscuits, mais qui rece-

16. Goethe, cité par Richard Sennett, *La ville à vue d'œil*, Paris, Plon, 1992, exergue.
17. Cf. Benny Levy, *Le nom de l'homme, dialogue avec Sartre*, Lagrasse, Verdier, 1984.
18. Pierre Michon, *Vies minuscules*, Paris, Gallimard, 1984, pp. 25-26.

laient alors de tout autres nourritures : ce qu'en tirait ma grand-mère, c'étaient des objets dits précieux et leur histoire, de ces bijoux transmis qui sont mémoires aux petites gens [...] Elise parlait ; et c'étaient aussi de dérobades qu'elle parlait, des corps disparaissant et de nos âmes toujours en fuite, des absences visibles dont nous suppléons l'absentéisme des êtres chers [...] ; ce vide qu'ils laissent, elle le fécondait des mots pressés, jubilants et tragiques, que le vide aspire comme le trou d'une ruche attire l'essaim, et qui dans le vide prolifèrent ; elle créait de nouveau, pour elle-même, pour son petit témoin et pour un dieu dédommageant qui peut-être tendait l'oreille, pour tous ceux aussi qui, dans les larmes, avaient à ce jour tenu cet objet, elle fondait et consacrait, éternellement, comme l'avaient fait ses mères avant elle [...], la sempiternelle relique ».

En conclusion, cette voie possible ne pourra être qu'indiquée. Permettre à l'adolescent de se constituer comme sujet libre passe par la redécouverte de la relation fondatrice à l'autre. Dès lors, à l'opposé de l'autonomie où autrui est postulé comme négation de soi-même, ne faudrait-il pas plutôt concevoir un apprentissage des *bonnes dépendances* : ces sociabilités où se découvre dans *l'attachement* à l'autre, non pas le vertige d'un moi sans attaches, mais bien le sentiment d'existence *sous* le regard d'autrui — l'expérience même de la constitution du *sujet* comme *assujettissement* à d'autres existences solidaires. Seul, l'autre peut qualifier le moi.

De ce point de vue, la relation éducative devrait se résumer peut-être à cette question de l'altérité. En paraphrasant Sartre[19], amener l'adolescent à la conscience de ceci : certes, je suis ce qu'on a fait de moi — je suis constitué comme héritier, lesté d'un patrimoine fait de biens et de tares ; mais il m'incombe la responsabilité de la question qui m'appartient à moi seul : qu'est-ce que je fais de ce qu'on a fait de moi ? Que décidé-je de faire de cet héritage ? Savoir que le sujet libre se forme, non pas comme « bateau ivre » et sans attache, mais comme héritier issu d'une transmission nécessaire, don originel qui mandate le jeune individu pour une existence promise au sens, mais qui ne se trouve pas condamné au ressassement éternel de la reproduction.

19. Jean-Paul Sartre, *Saint Genet, comédien et martyr*, Paris, Gallimard, 1952.

L'idiot et le chasseur de solitudes

Alain Vulbeau

« Pourquoi la route qu'il suit de manière apparemment désordonnée ne serait-elle pas précisément sa route, celle qu'il a voulue et choisie ? »

C. Rosset, *Le réel, traité de l'idiotie.*

Provoquer la rencontre des termes solitude et autonomie des enfants conduit à décrire un face-à-face relationnel entre l'enfant et le chercheur/chasseur de solitude. Dans ce cas, la médecine et la psychiatrie naissante fondent cette recherche et se donnent la solitude comme objet de connaissance. C'est aux avatars de la construction de cet objet que l'on va s'attacher. Le rideau se lève sur une scène à deux personnages avec, au centre, l'isolé absolu, l'enfant-loup, et à ses côtés, celui qui va peu à peu isoler la pathologie de l'idiotie et rendre autonome le discours de celui qui deviendra le pédopsychiatre.

Dans les dernières années du XVIIIe siècle et tout au long du XIXe, l'énergie de médecins comme Pinel, Esquirol, Itard, Voisin, Seguin, Bourneville, Sollier, est mobilisée par l'idiotie, pathologie nouvellement identifiée, qui va peu à peu devenir un objet psychiatrique à part entière. L'écriture progressive des caractères de l'arriération mentale n'est pas due aux seuls effets des progrès de la médecine. Assez proches l'une de l'autre, elles se sont également modifiées au gré de la latitude d'attitudes que pouvait avoir le psychiatre vis-à-vis de l'idiotie. Chaque définition appelle un degré plus ou moins grand d'intervention qui va du simple examen à une intervention totale[1].

Alain Vulbeau, sociologue, chargé de mission à l'IDEF, dernier ouvrage paru : Du gouvernement des enfants, *Epi/Desclée de Brouwer, 1993.*

1. Cf. Zafiropoulos, *Les arriérés : de l'asile à l'usine*, Paris, Payot, 1981.

Les symptômes psychophysiologiques décrivent une incapacité radicale de l'idiot à se débrouiller seul. Pourtant, ce qui est pathologique c'est moins la solitude en soi qu'une forme de singularité où l'idiot se débrouillerait seul, sans conscience des liens sociaux élémentaires. Ainsi, l'enfant sauvage de l'Aveyron sera reconnu comme plus normal quand il commencera à être malade et à pleurer. Itard le baigne pendant des mois dans de l'eau chaude et le fait vivre dans un milieu surchauffé pour avoir raison de sa santé d'enfant des bois qui peut impunément se rouler nu dans la neige[2].

L'idiotie est pratique car elle permet, au-delà des cas plus ou moins pittoresques observés à la Salpêtrière, de tester et de mettre en forme, a contrario, certaines notions encore vagues : société, dépendance mutuelle, rapport social, normalité, etc. C'est l'image inversée du bon tissu social qu'offre l'idiot pas sa singularité, sa distraction, sa simplicité et son manque d'agressivité. Plus on le connaît et on le soigne comme extra- ou antisocial, plus on sait ce qu'est la société et comment la conserver. L'idiotie est un modèle de simulation cognitif et normatif qui permet d'élaborer, à peu de frais, le portrait-robot de l'homme normal.

Portrait de l'enfant-bourdon

Cette description d'Esquirol montre une idiote adolescente surnommée Brou-Brou parce qu'elle émet constamment un bourdonnement qui est son seul langage[3] : « A. ne marche point, reste toujours assise sur ses talons, tantôt par terre, tantôt sur un fauteuil se balançant d'avant en arrière, exposée à toutes les variations de la température, sans autre vêtement qu'une chemise ; regardant à droite et à gauche sans qu'elle entende ce qu'on lui demande, et sans rien comprendre vraisemblablement à ce qui se passe autour d'elle ; elle est néanmoins très occupée à regarder ses mains qu'elle porte très près de ses yeux. L'instinct de cette idiote est presque nul. Elle ne connaît que la personne qui a l'habitude de lui donner des soins ou de lui donner du tabac. Non seulement elle ne parle pas mais elle ne prononce que la syllabe suivante qu'elle répète sans cesse et avec plus de vivacité lorsque quelque chose l'impressionne d'une manière agréable ou pénible : "brou, brou" est son unique langage qu'elle bourdonne presque complètement ; ce qui lui a fait donner dans l'hospice le nom de Bourdon. Il faut la vêtir, la coucher comme un enfant, et lui porter les aliments qu'elle dévore avec vivacité après les avoir flairés. Elle est très peureuse, le moindre bruit l'effraie ; elle exprime son effroi, en ramassant, pour ainsi dire, tout son corps sur lui-même ; l'effroi passé elle s'essaie à rire. Elle n'a nulle affection pour personne, ni l'instinct de se défendre si elle est frappée. Elle a un goût excessif pour le tabac. Elle présente non la main, mais son bras à toutes les per-

2. Dr Itard, « Mémoire et rapport sur Victor de l'Aveyron », *dans* : Malson, *Les enfants sauvages*, Paris, Bourgois, 1964.
3. Esquirol, cité par Seguin, *Traitement moral des idiots*, 1846.

sonnes qui passent auprès d'elle, et lorsqu'on a mis du tabac sur son bras, elle le porte avec une sorte d'avidité et de sensualité, au nez d'abord et puis à la bouche ; elle lèche sa chemise, le siège sur lequel elle est assise, lorsqu'il y reste quelques grains de tabac ; lorsqu'elle n'en a plus, elle fait sortir de son nez ce qu'elle vient de priser pour l'avaler ensuite. On est parvenu à lui faire comprendre qu'il fallait danser pour avoir du tabac ; alors à la moindre parole, et surtout lorsqu'on lui montre du tabac ou une tabatière, elle saute sur elle-même, les pieds en dedans, les bras en l'air. L'ouïe paraît être dure, car il faut crier plusieurs fois pour attirer son attention et se faire apercevoir ; mais la vue du tabac suffit à la mettre en émoi. Pendant que je la faisais dessiner, je lui donnais des abricots, elle en mangeait la pulpe, et ne pouvant mordre le noyau, elle l'avalait ; elle n'a nul sentiment de pudeur : je l'ai vue plusieurs fois accroupie sur un fauteuil, jouer avec ses mamelles dont elle tortillait le bout avec ses doigts ; je l'ai vue aussi uriner, et regarder avec une sorte de curiosité l'urine qui coulait sur le carreau. Elle satisfait aux autres besoins involontairement et partout où elle se trouve. Elle se livre à l'onanisme d'une manière effrénée, en plein jour et en présence de tout le monde. Plusieurs fois, en ma présence et en celle du dessinateur, elle a essayé de satisfaire à ce penchant sans paraître soupçonner qu'elle fût en présence de quelqu'un ; son insensibilité physique est telle qu'en la pinçant, qu'en promenant les barbes d'une plume sur ses lèvres, sur ses paupières, il m'a été impossible de produire le moindre signe de sensibilité ».

Définitions de l'idiotie

Parmi toutes les définitions de l'idiotie, on peut en relever quelques-unes, respectivement de Pinel, Esquirol, Seguin et Bourneville, citées dans un ordre chronologique[4].

— « Abolition plus ou moins absolue, soit des fonctions de l'entendement, soit des affections du cœur » (Pinel).

— « L'idiotie n'est pas une maladie, c'est un état dans lequel les facultés intellectuelles ne se sont jamais manifestées, ou n'ont jamais pu se développer assez pour que l'idiot ait pu acquérir les connaissances relatives à l'éducation que reçoivent les individus de son âge et placés dans les mêmes conditions que lui » (Esquirol).

— « L'idiotie est une infirmité du système nerveux qui a pour effet radical de soustraire tout ou partie des organes et des facultés de l'enfant à l'action régulière de sa volonté, qui le livre à ses instincts et le retranche du monde moral » (Seguin).

---

4. Les définitions de Pinel, Esquirol et Seguin sont dans Seguin ; la définition de Bourneville est dans Hamon du Fougeray, *Manuel pratique des méthodes d'enseignement spéciales aux enfants anormaux*, 1866.

— « L'idiotie consiste en un arrêt du développement congénital ou acquis des facultés intellectuelles, morales ou affectives, accompagné ou non de troubles moteurs et de perversion des instincts » (Bourneville).

A partir d'Esquirol, on entend parler d'éducation, de monde moral et de développement des facultés intellectuelles. L'idiot se voit placé sur une trajectoire qui a un point de départ (le congénital et l'acquis) et un point d'arrivée (le monde moral). Il doit mettre en jeu des capacités (facultés intellectuelles, action régulière de la volonté, fonctions de l'entendement et affection du cœur). L'idiotie interrompt la trajectoire et le développement des capacités. L'idiot stagne alors dans un monde amoral (celui des instincts pervertis) et anormal (il ne peut recevoir d'éducation comme tous les enfants).

Symptômes

Seguin décrit le syndrome de l'idiotie sur le plan physiologique puis psychologique : « On peut donc encore, et pour les besoins du diagnostic, diviser les symptômes physiologiques en deux classes : ceux qui sont exclusivement propres à l'idiotie et ceux qui se présentent dans divers autres cas pathologiques. En procédant de cette sorte, on trouve que la viduité du regard et l'incapacité de regarder avec précision, l'excès de sensibilité partielle, les mouvements mécaniques, le balancement et la titubation, l'incapacité de mouvoir au gré de la volonté certains appareils moteurs non paralysés, sont les symptômes exclusifs de l'idiotie ; tandis que le mutisme, la non-audition, l'insensibilité locale ou générale, le relâchement des sphincters, les dépravations du goût et de l'odorat, l'atonie ou l'excès de l'irritabilité générale, les désordres des fonctions organiques ou excrétives ne sont pas des symptômes essentiels à l'idiotie, mais lui sont fréquemment accessoires ».

Puis Seguin définit la partie psychologique : « Que lui manque-t-il donc intellectuellement pour ressembler à tout le monde ? Il ne lui manque aucune faculté intellectuelle, mais il n'a pas la liberté nécessaire pour appliquer ses facultés dites intellectuelles à l'ordre des phénomènes moraux et abstraits : il lui manque la synergie, la spontanéité d'où jaillit la volonté morale. [...] L'idiot jouit de toutes ses facultés intellectuelles, mais il ne veut les appliquer que dans l'ordre des phénomènes concrets ; et encore seulement à ceux des phénomènes concrets dont la texture, la forme, la saveur, le goût, le son, ou telle autre propriété particulière (et que souvent il apprécie seul) sollicitent en lui un désir, une manifestation de l'intelligence, de la vie. Mais il y a plus : non seulement l'idiot n'entre en rapport volontaire qu'avec des phénomènes concrets, non seulement il limite ses phénomènes concrets avec lesquels il entre en rapport volontaire à un très petit nombre, à un seul quelquefois ; mais encore, cet unique phénomène, ou ce petit nombre, ne vous imaginez pas qu'il en ait une idée, ou seulement une notion exacte ou complète ; nullement. Dans chaque phénomène, son intelligence active jusque dans sa paresse, semble se hâter d'éliminer toutes les propriétés qui ne sont pas le but de son élection ; elle ne peut voir dans un dessin que la couleur, ne sentir que le poli dans le métal, n'entendre que certains bruits dans la réunion d'un grand nombre, et par un procédé d'élimination qui serait peut-être impossible aux natures les mieux organisées, elle réussit à ne se laisser impressionner que par une seule propriété des choses qui en ont nécessairement un grand nombre : l'idiot goûte instinctivement le charme de sensations très nettes et très prolongées, sans distraction possible, soit de la part des sens qui ne sont pas appelés à fonctionner, soit du côté de l'intellect qui reste toujours et tout entier subordonné à une perception unique. [...] Tels sont, en ne tenant aucun compte des anomalies particulières à chaque sujet, les symptômes psychologiques de l'idiotie ; tel est l'état intellectuel de l'idiot, *idios, solitarius*, seul : seul avec sa sensation unique, sans rapport abstrait ni conventionnel volontaire, sans volonté intellectuelle ni morale. Physiologiquement, il ne peut pas ; intellectuellement, il ne sait pas ; psychiquement, il ne veut pas ; et il pourrait, et il saurait s'il voulait, mais avant tout et surtout il ne veut pas »[5].

Ce qui déçoit le psychiatre semble être, surtout, le sérieux de l'idiot dans son application à une tâche singulière et sans équivalence d'aucune sorte pour la société qui le regarde. La solitude de l'idiot doit être soignée, non parce qu'elle le fait souffrir mais parce qu'elle provoque un malaise, un flottement dans la définition du minimum nécessaire au lien social.

La solitude de l'extra-social

Ce qui définit dès le départ l'idiot, c'est sa singularité. A tel point qu'il fait corps avec la particularité de langage nommée idiotisme[6]. C'est Esquirol qui invente l'idiotie : « Le mot *idios, privatus, solitarius*, exprime l'état d'un homme qui, privé de sa raison, est seul isolé en quelque sorte du reste de la nature. Du mot *idiotas*, idiot, on a fait idiotisme ; mais comme ce dernier mot a déjà une signification grammaticale, il m'a semblé utile de lui substituer celui d'idiotie, en le consacrant au langage médical »[7].

Cette solitude, cet isolement, disqualifie l'idiot comme sujet social ; son degré d'a-socialité est défini au moins de deux façons : « La nullité de l'intelligence les met dans tout leur relief ; et pour peu qu'on se familiarise avec les idiots, on ne tarde point à découvrir que si l'un est doux, modeste, simple, docile, naïf, généreux, ouvert ; l'autre est dur, opiniâtre, dissimulé, trompeur, envieux, rapace, cruel, et qui le dirait, plein de vanité, de hauteur,

5. Seguin, *op. cit*
6. Itard n'emploie que ce terme.
7. Esquirol, cité dans Seguin, *op. cit.*

d'orgueil antisocial »[8]. « Et puis les idiots ne sont pas très dangereux et d'autant moins que le plus souvent leur état mental oblige à les placer dans des asiles toute leur vie. Chez les imbéciles, au contraire, l'attention volontaire existe dans certaines limites, mais il est impossible de la fixer. L'intelligence relative qui l'accompagne et qui est faussée dans son développement, ainsi que nous le verrons plus loin, en fait des êtres souvent dangereux, et cela d'autant plus qu'à l'inverse des idiots, leur état psychique permet fréquemment de les laisser en liberté. Aussi pensons-nous pouvoir dire qu'au point de vue social, les idiots sont des extra-sociaux, tandis que les imbéciles sont des antisociaux »[9].

C'est l'imbécillité qui fait la ligne de partage entre l'anti- et l'extra-sociabilité. Il est surprenant d'ailleurs de constater que la mesure d'enfermement qui frappe l'idiotie ne vient pas du danger qu'elle représente (ce sont les imbéciles qui sont le plus à craindre) mais de son manque d'attention[10]. L'idiot a un défaut : il ne fait pas attention. Au moins dans deux sens : d'une part être sur ses gardes, et puis être attentif. L'attention est aux relations sociales ce qu'est le réflexe pour les instincts. Celui qui fait attention témoigne d'une application au devoir de présence sociale, à l'impératif de figuration dans le jeu des rapports contractuels. L'idiot n'est pas quelqu'un avec qui on peut compter. Il n'est pas suffisamment dangereux dans un monde dangereux.

Le manque d'attention devient un critère de définition de l'idiotie en désignant l'attention comme un effort, une activité caractéristique de l'homme normal. En fait, l'idiot a des attentions, mais pour lui-même : il est distrait, absent, en picnolepsie prolongée[11], étourdi. Il ne fait attention à rien. Tous ces défauts (dans la cuirasse de la socialité) font que Seguin attribue à l'idiotie les qualités de « charme » et de « mystérieuse poésie ».

La pédagogie totale

Que faire des idiots ? Comment les faire revenir à un peu plus d'attention et de bonne volonté sociale ? Au début, les médecins ne feront rien et se contenteront d'observer ou de noter certaines données empiriques. C'est Itard avec son enfant sauvage qui, sous la protection d'Esquirol, inaugurera l'effort rééducatif. Le rêve d'une « pédagogie totale »[12] naît de l'attrait, de la séduction qu'exerce d'emblée l'idiot. Il est tellement naturel, sauvage, igno-

---

8. Serres, Floures, Pariset, « Rapport sur un mémoire de M. Seguin, relatif à une méthode d'éducation appropriée aux jeunes idiots et aux jeunes imbéciles », *dans* : Seguin, *op. cit.*
9. Sollier, *Psychologie de l'idiot et de l'imbécile*, 1891.
10. Sollier en fait son seul critère, cf. Sollier, *op. cit.*
11. Sur la picnolepsie, cf. Virilio, *Esthétique de la disparition*, Paris, Balland, 1980.
12. Le terme est employé par O. Mannoni dans son étude sur Itard et son sauvage, *dans* : Mannoni, *Clefs pour l'imaginaire*, Paris, Le Seuil, 1969.

rant et dénué de tout qu'il semble un défi et un pari pour le positivisme des orthophrénistes, terme créé par Voisin.

L'idiotie a permis de mettre au point ce que le docteur Itard appelait « une éducation toute agissante » parce qu'elle s'étend à tous les aspects de la vie. Pour le pédagogue, l'idiot qui n'a pas eu accès à la culture doit tout apprendre. L'arriération mentale le rejette dans la période d'avant le langage, d'avant le social. Si l'enfant est in-fans, celui qui ne parle pas, l'idiot est un enfant intégral. Sous ce rapport, l'enfant sauvage de l'Aveyron était une aubaine puisqu'il était même en deçà du stade du miroir : Itard lui attribuait dix à douze mois d'âge mental puisque lorsqu'il passait devant un miroir, il se cherchait derrière[13] ; on ne peut pas rêver d'un plus beau point de départ.

Cette pédagogie est plus précisément médico-pédagogique. Elle décrit à la fois une pratique thérapeutique et une pratique d'apprentissage. Seguin décrit ainsi ses efforts : « Il en est résulté, je crois, un travail entièrement neuf, non seulement sur l'idiotie mais encore sur l'éducation »[14]. Les deux modèles, pédagogie et médecine, se renforcent mutuellement. La médecine fait peser tout le poids de l'urgence du retour à la normale. Elle embue les regards d'un présupposé d'humanité et de dévouement. La pédagogie, de son côté, donne au soin un aspect culturel et social. Elle ne fait pas que sauver un corps, elle répare aussi un rapport social défaillant. La pédagogie, qui est à peu près assurée de la survie de son patient, a tout son temps pour trouver une méthode positive.

Il y a, entre ces deux points de vue, une circularité qui nourrit le désir de l'*idiopédagogue*[15] : l'état pathologique « laisse toujours une incertitude sur les résultats définitifs de l'emploi de la méthode »[16]. Cette possibilité de rechute ne peut que conformer la certitude que la créativité pédagogique doit être sans repos.

« Donc, en présence de cette négation dont la puissance demeure un secret durant toute la lutte que le praticien engage avec l'idiotie, avec toutes les armes de la patience et de la méthode, il ne doit ni trop espérer ni trop promettre surtout ; mais ce n'est pas une raison pour refuser le combat. Une fois le terrain et les armes choisis, et choisis à son avantage, il faut qu'il marche droit à son but avec une obstination qui puisse rompre l'espèce de charme dont l'idiotie semble s'envelopper : attaquant successivement ou tout à la fois les divers modes de vitalité, il doit les arracher à leur torpeur, les immobiliser, les faire obéir, les dompter, les posséder comme siens propres : la victoire est à ce prix »[17].

13. Malson, *op. cit.*
14. Seguin, *op. cit.*
15. Terme inventé par deux rééducateurs, « A la recherche d'un mot », *Les éducateurs, Rééducation*, n° 33/34, 1951, cité *dans* : Vulbeau, *Du gouvernement des enfants*, EPI/Desclée de Brouwer, 1993.
16. Seguin, *op. cit.*
17. *Ibid.*

Le discours le plus à même de rendre compte de cet effort est la psychologie, mitoyenne à la pédagogie et à la médecine. Sollier la définit ainsi : « C'est une science d'observation où il y a tout à voir, tout à mettre à sa place et rien à créer, rien à imaginer »[18]. Elle sert l'activité du pédagogue qui, pour rompre le charme de ses élèves et malades, doit décomposer l'idiotie.

La pédagogie totale (c'est l'orthobiotique dont rêvait le diariste Amiel[19]) se matérialise dans un espace visiblement géométrique : les petits jardins du service spécialisé de Bicêtre. Là, Bourneville promène les petits idiots entre des bosquets aux formes pédagogiques, créant ainsi une véritable *horthopédie* : « Les notions enseignées à l'école sont complétées par les promenades dans le jardin des surfaces, où de petites pelouses séparées par des arbustes pour en rompre la monotonie, délimitent des triangles, des carrés et dans le jardin des solides où des ifs, des fusains, etc., sont taillés en sphères, en cubes, en cônes, en pyramides, etc. »[20]

L'orgueilleuse tristesse d'un pédagogue

Deux hypothèses guettent l'idiot : il est soit repéré par les pédagogues et les médecins, soit oublié à la suite d'un défaut d'attention de leur part. Dans le cas de Pauline, on verra qu'il y a, derrière le désir d'éduquer ou de rééduquer, une fascination pour l'idiotie : la parfaite réussite de sa tâche de normalisation rend à son tour idiot l'orthopédiste.

De neuf à treize ans, Pauline a été rééduquée par Seguin. Quelques années plus tard, celui-ci la rencontre alors qu'elle est devenue une jeune fille presque normale : « Je l'ai revue, depuis, plusieurs fois ; la dernière c'était au bal, elle y tenait, du moins en apparence, très bien sa place : je ne la vis point parler à son danseur mais après la contredanse elle retourna près de sa mère et lui parla quelque temps avec une volubilité accentuée qui me fit plaisir ; elle rentra bientôt après dans un quadrille où je la remarquai, parce que tout en elle m'intéressait, mais où personne ne sembla trouver à redire au reste d'hésitation que je discernai, moi, dans ses mouvements. Ses attitudes d'ailleurs ne manquaient pas d'une certaine cambrure, on voyait que, depuis moi, elle avait été à bonne école. J'eus envie de lui adresser la parole : qui donc pouvait lui dire mieux que moi combien elle était embellie depuis le moment où elle me crachait à la figure quand elle essayait de mouvoir ses lèvres. Mais comme il aurait fallu lui dire qu'elle était ravissante, j'ai pensé que son cavalier s'en acquitterait mieux que moi, et je me suis retiré plein d'une orgueilleuse tristesse »[21].

18. Sollier, *op. cit.*
19. Amiel, *Journal intime, 1857,* Paris, Bourgois, 1965.
20. Hamon du Fougeray, *op. cit.*
21. Seguin, *op. cit.*

Quand l'éducation est réussie à ce point, le pédagogue retrouve les caractéristiques qui lui servaient à dépeindre l'idiot : « L'idiot type est un individu qui ne sait rien, ne peut rien, ne veut rien, et chaque idiot se rapproche plus ou moins de ce summum d'incapacité »[22].

Ortholand

Ortholand est une façon de nommer l'espace social où se dispersent la norme du droit (*orthos*) et la mise en œuvre de la normalisation par le redressement. Georges Canguilhem a montré que le mot normal a désigné, au XIXe siècle, « le prototype scolaire et l'état de santé organique »[23]. Le philosophe commence l'inventaire de l'espace de l'ortho en travaillant sur l'orthographie, l'orthologie et l'orthopédie. Il y a encore des dimensions à explorer, à sa suite, concernant le champ du redressement de l'enfant en ortho-pédie[24] ; notamment aux points de rencontre du redressement mental et de la rééducation spécialisée.

On pourrait commencer par l'*orthophrénie* qui est définie ainsi par son inventeur Félix Voisin : « Ce n'est plus de l'orthopédie, c'est de l'orthophrénie, mot expressif dont j'ai enrichi la langue française, et qui rend parfaitement bien la rectitude mentale à laquelle je veux faire arriver ou revenir, suivant la mesure des facultés qui leur restent, les esprits faussés ou arriérés et les âmes nouées ou boiteuses »[25].

L'orthophrénie est un autre aspect de la pédagogie totale puisque ses catégories permettent pratiquement de classer tous les enfants. C'est certainement une démarche de même ordre qu'entreprend Binet, un demi-siècle plus tard, avec l'*orthopédie mentale*[26].

Pour continuer jusqu'à nos jours ce petit tour d'horizon dans l'univers de la correction mentale, que l'on pourrait appeler fictivement Ortholand, il faut traverser l'Atlantique. On y découvre l'*orthopédagogie* qui est une contribution spécifiquement américaine à la psychiatrie infantile ; créé en 1909, le premier centre ouvre à Boston, quelques années plus tard.

L'idiotie permet de poser les relations de la solitude et du lien social, du normal et de la singularité, ce qui pourrait se poursuivre, par-delà le champ médico-pédagogique, peut-être de façon féconde, dans des approches pluridisciplinaires. Il y aurait une philosophie de l'idiotie[27] montrant que la singularité de l'idiotie introduit un trouble dans le réel : en effet, l'idiotie n'a pas de reflet et ne se redouble pas dans ce qui fait la duplicité du réel. Il y aurait aussi une esthétique de l'idiotie, où pourraient s'inscrire Le Facteur

22. *Ibid.*
23. G. Canguilhem, *Le normal et le pathologique*, Paris, PUF, 1979.
24. Cf. « Orthopédie », *dans* : Vulbeau, *op. cit.*
25. Voisin, *Etude sur la nature de l'homme*, 1858.
26. Binet, *Les idées modernes sur les enfants*, 1911.
27. Rosset, *Le réel, traité de l'idiotie*, Editions de Minuit, 1977.

Cheval et son Palais Idéal, Erik Satie et ses Gymnopédies, Jean-Pierre Brisset et sa Grammaire logique, et bien d'autres artistes « bruts ». En revanche, l'idiotie ne peut plus grand-chose aujourd'hui pour traiter de l'autonomie, si ce n'est de l'autonomie de son discours dans le champ psychiatrique du XIXe siècle, pour devenir progressivement la pédopsychiatrie ; c'est plutôt l'autisme qui, en cette fin de XXe siècle, est une entrée pour s'occuper du sujet de l'autonomie, mais c'est une autre histoire...

Le marathon du mercredi

Pascale Mignon

Tant que les enfants vont à la crèche ou chez l'assistante maternelle, il n'y a pas de problème, les jours se succèdent et se ressemblent : il y a les jours de travail des parents, les jours de repos des parents, même si quelques ruptures surgissent les jours de grève des professionnels.

Mais voilà, les enfants grandissent et ils investissent les lieux scolaires, quittant l'univers où les jours de la semaine sont encore indifférenciés. L'entrée à l'école fait connaître aux parents le jour de Mercure, jour de repos, jour de congé des enfants : le mercredi.

Dans les premières années, tout se passe encore relativement facilement : il y a les jours d'école et les jours de centre de loisirs. Cela commence à se compliquer si vous avez plusieurs enfants. Par manque de chance, ou d'organisation, ces enfants ne sont pas nés le même jour, ni d'ailleurs la même année, et donc à un moment donné, ils se trouvent dans deux écoles différentes, dans deux centres de loisirs différents. La difficulté est d'aller les chercher à la même heure dans des lieux distants parfois de plusieurs kilomètres.

Vous êtes donc forcément en retard dans l'un des deux endroits. Bien sûr, bien que vous soyez vigilant à varier le lieu de votre retard, votre « imponctualité » ne passe pas inaperçue. La culpabilité ne tarde pas à vous envahir et l'image du parent indigne ne vous quitte plus. Un parent en retard est un parent qui ne se préoccupe pas de son enfant, qui ne respecte pas son rythme.

Alors, pour que cette course entre deux écoles ne vous angoisse plus, vous demandez à votre employeur de vous accorder un emploi à temps partiel. Ainsi le jour de Mercure, protecteur des voyageurs, sera, pour vous

---

Pascale Mignon, psychothérapeute, formatrice au GRAPE.

aussi, un jour de congé, de repos, de tranquillité. Les lois sociales jouant aujourd'hui en votre faveur, votre demande est acceptée. Vous allez enfin pouvoir être auprès de vos enfants tout au long de ce jour « pas comme les autres ».

A ce moment là, comme par hasard, vous découvrez toutes les potentialités artistiques et sportives de vos enfants chéris. Vous remarquez que votre enfant a le doigté de Mozart, que le *Lac des cygnes* est à la portée de ses pointes, que son revers de tennis en étonnera plus d'un, que son « tir au but » est digne de Platini ou de Roberto Baggio.

Comment pouvez-vous freiner, voire tuer toutes ces compétences qui sont en lui ? Car, bien sûr, si ces compétences ne sont pas mises en éveil, si ce n'est au travail, dès le plus jeune âge, elles resteront enfouies toute sa vie, au risque de se perdre. Votre enfant pourrait même être ignorant de tout ce qu'il possède. Ne seriez-vous pas — étant donné la confiance que vous accordez à l'Education nationale dans ce domaine — le seul garant de ses capacités ? Ne serait-ce pas votre rôle, vous qui ne travaillez plus le mercredi, de l'éclairer sur tout ce capital de compétences ?

Alors voilà que vous-même devenez le chef d'orchestre d'une valse non plus à trois temps, « ni même à vingt ou cent temps, mais une valse à mille temps ». Vous courez avec votre enfant entre la leçon de piano, le terrain de foot, le cours de tennis et la salle de danse. Vous réussissez à vous organiser, mais le professeur de piano déménage, un peu plus loin bien sûr, et il n'est pas question de changer de professeur, vous connaissez trop l'importance de la relation entre le professeur et l'élève pour faire prendre le risque à votre enfant d'un désinvestissement pour cause de changement. Ce serait un manque de doigté de votre part. Vous suivrez donc le professeur.

Le mercredi n'a plus vingt-quatre heures, ce n'est plus un jour creux, c'est un jour plein. C'est un jour sans vacance, sans voyage, c'est un jour d'endurance, et vous endurez. Vous endurez « pour le bien de votre enfant ».

Puis, un mercredi « pas comme les autres », sur le trajet de ce marathon, trajet que vous connaissez par cœur, que vous faites mécaniquement toutes les semaines, entre les stations de métro « Etoile » et « Porte Maillot », à moins que ce ne soit entre « rue de la Pompe » et « la Muette », votre enfant vous parlera de la mère d'un de ses copains qui « a besoin » que son enfant l'accompagne à une manifestation de parents d'élèves. Vous vous étonnerez de « cette mère » et de ce « besoin », et votre enfant vous répondra peut-être : « Tu sais, c'est comme toi, tu as besoin que je sois occupé le mercredi ».

A la Muette, vous descendrez, mais la pensée exprimée par votre enfant risque de vous laisser sans parole.

Et si elle était juste cette pensée, si dans cette course aux activités du mercredi, dans ce marathon du mercredi, il y avait ce besoin de l'adulte d'occuper le corps et l'esprit de l'enfant ; s'il y avait, dans cette nécessité, une ultime tentative de garder auprès de soi, sous son contrôle protecteur, un tout petit enfant qui, à une période, était totalement dépendant de sa mère pour sa survie.

La crainte de l'absence d'activités serait l'oisiveté. Si l'enfant ne fait rien, il risque de s'ennuyer, il risque de se précipiter sur le bouton de la télévision, ou sur son pouce, et ne plus vouloir ou pouvoir le lâcher. C'est oublier que s'il ne fait rien, il peut aussi penser, avoir le plaisir de sa propre activité de penser. Mais c'est une activité qui peut être subversive, qui risque de bouleverser, de faire « dérailler » les conventions familiales.

Ces bouleversements repérables à l'adolescence n'ont-ils pas des antécédents au moment de l'enfance ? La pensée exprimée par l'enfant aura des effets de séparation entre sa mère et lui. Elle portera un autre regard sur lui, un regard à distance. Il y aura du « penser » entre elle et lui, entre lui et elle. Sans doute est-ce dans ce registre du « penser » que la mère repérera de façon plus prégnante encore la séparation d'avec le corps de son enfant, que la mère repérera la singularité de son enfant, son autonomie. Sans doute se jouera-t-il aussi, dans ce registre, l'ambivalence du désir maternel : favoriser la séparation tout en en retardant le moment.

L'autonomie de l'enfant ne peut, certes pas, se limiter au fait de s'habiller tout seul, manger seul, de « faire » tout seul ; elle s'élargit au fait que l'enfant puisse avoir des pensées à lui tout seul, des pensées secrètes, et de pouvoir choisir celles qu'il va dire, celles qu'il va taire et garder pour lui tout seul. Le marathon du mercredi, dans la gestion organisée de tout le temps de l'enfant, ne risquerait-il pas d'être alors un parcours parsemé d'obstacles à l'autonomie ?

L'invitation au voyage qu'aurait pu suggérer le choix du jour de Mercure comme jour de congé s'est transformée en épreuve d'endurance. Mais il est rassurant de constater que c'est l'adulte qui s'essouffle le plus vite !

La crise de TV : un symptôme silencieux

Arlette Pellé

On sait que de nombreux enfants passent chaque jour un temps non négligeable devant un écran de télévision. Les parents acceptent avec une certaine complaisance la capture des petits ou des plus grands par l'objet magique. Ne leur offre-t-il pas la paix à bon compte ? Ils sont en sécurité, ils savent où se trouvent leur enfant ; « il ne fait pas de bêtises »...

On comprend bien que les parents hésitent à limiter ce symptôme silencieux. L'enfant passe d'une dépendance à la mère à celle des images sans le moindre conflit, sans séparation, sans violence. L'abondance des programmes occupe le temps libre, qui devient un temps passif, non vécu, solitaire.

Nous ne traiterons pas ici du profit culturel indéniable de la télévision, du savoir de masse dispensé par certaines émissions, de la réflexion que suscitent certaines autres. Nous centrerons notre propos sur les mécanismes psychiques en jeu lorsque l'enfant est soumis sans limite et dans la solitude à *voir* et *écouter* les unes après les autres des émissions de télévision, lorsque la passivité solitaire l'emporte sur un choix possible, lorsqu'il ne peut plus se détacher de cet écran magique et froid.

Un enfant de huit ans, Julien, me disait : « Maman ne veut pas que je regarde la télévision tout le temps, elle voudrait que je choisisse une émission. C'est drôle, je suis d'accord avec elle ; je me dis je regarde encore ça ou jusqu'à telle heure ; mais c'est plus fort que moi, quand je commence, je n'arrive pas à m'arrêter ». Avec ces propos de Julien, d'autres paroles me viennent à l'esprit : celles d'une jeune femme qui, une heure auparavant, me

Arlette Pellé, psychanalyste, formatrice au GRAPE.

disait aussi : « C'est plus fort que moi, je ne peux pas m'arrêter ». Elle me parlait d'une crise de boulimie qui l'avait submergée encore cette semaine.

J'écoute Julien, j'écoute cette jeune femme : ils me parlent d'un même processus déstructurant qui emmène celui qui y est soumis dans une forme de dépersonnalisation. « Comme une obsession en présence des autres, je ne pense qu'à ça, me disiez-vous, manger. Je me coupe d'eux, leurs paroles perdent leur sens, je perds mon image, ils me trouvent solitaire et bizarre. Je n'ai alors qu'une seule idée en tête : calmer ma faim, entrer dans une pâtisserie, me nourrir de gâteaux, les avaler vite et en présence de personne ».

La maman de Julien me parle, elle, de son étonnement, car, me dit-elle : « Dès que je rentre dans la pièce lorsque Julien regarde la télévision, il se met en colère, zappe, ne veut pas que je reste avec lui et m'ordonne de sortir comme si je le dérangeais ».

Cette semaine-là, Sophie, vous aviez un examen à préparer qui vous demandait beaucoup de concentration. Installée à votre bureau, absorbée par votre travail, sans prévenir, cette idée de manger juste un peu commence à s'imposer. D'abord vous reculez le moment de satisfaire cette petite faim, vous continuez à lire, *comme si de rien n'était*. Votre volonté reste pourtant impuissante à endiguer la violence de l'appel du corps. Très vite, cette petite faim envahit votre psychisme, il faut la calmer immédiatement.

Julien, lui, au milieu d'un contrôle d'histoire pense à l'heure d'une émission qu'il ne veut absolument pas rater. Des images commencent à l'obséder de la même façon que votre petite faim.

Dans sa solitude, il ne sait plus ce qui est vrai ou pas. Ses cauchemars éveillés, dans lesquels il plonge pendant les heures de classe, lui racontent les monstres, les guerres, les morts, qu'il voit quotidiennement et dont il ne peut se défaire. Comme un effet de fascination ou d'hypnose, ces images de violence réelle livrées à domicile laissent supposer que la scène du fantasme peut être réellement vécue : il peut me tuer, je peux le tuer pour de vrai. Ces images s'imposent sans la participation de la vie imaginaire, créative. Il arrive parfois qu'elles envahissent le champ de la réalité en créant *un lien collectif*. Un titre de *Libération* (juin 1994) l'indique : « Des enfants saccagent une école maternelle, "comme à la télé", le plus jeune d'entre eux était âgé de seize mois. Les enfants ont joué à cambrioler l'école... ».

Sophie, vous ne saviez pas dire comment le fil de votre pensée commençait à s'absenter. Comme par surprise, vous vous retrouveriez dans la cuisine mangeant d'abord un yaourt, puis deux, puis des nouilles, puis... Julien se retrouvait devant la télévision juste pour une émission, puis regardait la suivante, puis la suivante, puis...

Le début de ce processus était toujours le même ; vous pensiez cette fois-ci pouvoir le contrôler, en ce début vous étiez toujours sujet de vos actes : c'est bien vous qui vouliez manger juste un peu. Puis votre corps, rapidement coupé de sa subjectivité, se mettait à fonctionner sans vous, sans votre pensée, sans image, sans représentation, sans trace, sans mémoire des crises précédentes. Vous pouviez jeter dans ce corps tout ce que vous vouliez, toute la nourriture dont vous disposiez ; il restait toujours aussi vide, et même ce vide s'accroissait au fur et à mesure que vous tentiez de le remplir.

Julien lui ne sait plus ce qu'il regarde, les émissions défilent maintenant, sans sa pensée réflexive, sans élaboration, sans inscription ; il ne pense plus à rien, il s'absente. L'écran entre lui et l'image est un écran entre lui et lui-même. Les événements non vécus par ceux qui en sont informés se fixent ou se perdent, s'oublient ou se banalisent par l'inflation de leur remplacement successif. Ils ne constituent pas l'Histoire de l'histoire, mais un réel de violence qui reste extérieur, non symbolisable.

Pour vous, Sophie, seuls l'épuisement, le dégoût, la nausée ou la déprime mettaient une limite à cet enfer. Vous me lanciez alors : « Vous voyez bien que je suis folle, complètement folle. Je fais quelque chose en sachant que je me détruis, je ne peux pas m'en empêcher ! ». Mais rien à faire, cela recommence chaque fois de la même façon : « Arrêtez-moi, arrêtez-moi, grondez-moi, cela me ferait du bien ». Le tranchant de la parole d'un père aurait-il pu vous sauver de l'abîme qui vous aspirait déjà ?

Eteindre le poste de télévision est un geste encore plus difficile à effectuer puisqu'une fois le processus engagé, les images défilent sans présence du sujet, le malaise est insidieux, la passivité gagne du terrain dans le silence subjectif. Regarder la télévision est certainement le circuit le plus bref de la satisfaction pulsionnelle ; il est immédiat, instantané, il suffit d'appuyer sur un bouton et ça démarre.

Celui qui mange trop, ou celui qui regarde n'importe quoi à la télévision sans pouvoir s'arrêter, déclenche un processus qui mène à l'état dépressif, à l'impersonnalisation ou à l'apathie.

Si le sujet — comme c'est le cas ici — est bien présent pour commencer l'acte, regarder une émission choisie, une et une seule, manger un peu, au terme de ce circuit il est parfaitement objectivé. Aucune instance critique ou spéculaire, aucun discours intérieur ne fait limite à l'intrusion de l'objet de satisfaction, images ou nourriture. Ce trajet ne nécessite aucune présence d'un autre en tant que tel, il s'effectue sans lien et sans parole. Ce circuit soumet celui qui en est victime à la demande insatiable d'un Autre maternel fictif. Prisonnier d'un processus où la séparation n'aurait plus de place, le corps se vide de la présence subjective.

Or la subjectivité de l'enfant se construit à partir du renoncement à une jouissance du corps dite auto-érotique pour parvenir à une autre satisfaction dite de sublimation. Il s'agit toujours de regagner du terrain sur la jouissance perdue, par *l'activité*, par l'acte d'atteindre un état de satisfaction.

L'enfant qui fait des crises de télévision aura à refaire chaque jour le trajet exténuant qui mène d'une position à l'autre. Chaque jour il aura à recommencer ce qu'on appelle le sevrage des pulsions. Le signe d'un sevrage réussi se repère par un déplacement d'objets. Ils se métaphorisent et engendrent une satisfaction liée à un désir limité par un interdit. Boire, manger, voir... se métaphorisent en activités de sublimation : voir un tableau, manger du livre, entendre la musique... Ces activités expriment l'acceptation d'un corps perdu pour la complétude, le bonheur ou le paradis, d'un corps perdu pour une jouissance sans mot. Cette perte s'accompagne d'une souffrance nécessaire qui signale l'accès à l'autonomie.

Lorsque l'enfant regarde sans arrêt la télévision, il est dans la solitude d'une soumission à un Autre qui le gaverait d'images, dans une dépendance totale. Le danger serait de le laisser s'enfermer dans un auto-érotisme méconnu insidieux, qui ne dérange personne. La limite pourrait être donnée par un état dépressif qui passe assez souvent inaperçu.

On entend beaucoup parler de « l'enfant-sujet », en oubliant sans doute que sa subjectivité se constitue du fait même du renoncement à une satisfaction pulsionnelle. Gavé par les images, la possibilité même d'un rapport à l'angoisse semble destituée. Pas le temps de souffler, ni de souffrir ; dans l'instantané du voir, les images défilent sans inscription, sans histoire, sans trace. Ce voir-là ne fabrique pas de la pensée.

La dimension auto-érotique de la sexualité est d'ailleurs régulièrement menacée des pires calamités par la société qui réglemente soigneusement l'activité pulsionnelle. Il y a toujours de multiples interdits et prescriptions sur cette jouissance : « C'est dangereux de manger trop, pas assez, de boire trop. Ça rend sourd de se masturber. Ça rend malade de fumer »...

Qu'est-ce qui fait qu'il y a de tels interdits limitant la satisfaction des pulsions ? Au-delà des règles de bienséance et de savoir-vivre, au-delà des risques de maladie, ne trouve-t-on pas dans le social ce savoir de la présence de la désubjectivation au bout du processus ? La société encourage à un savoir-vivre plutôt qu'à un savoir mourir.

Il se trouve qu'il n'y a de prescription ni sociale ni familiale en ce qui concerne la boulimie télévisuelle. La nature de cette satisfaction — voir — et son objet — les images — empêcheraient-ils la perception de sa dangerosité ? Ou s'agirait-il d'une préférence accordée à un conditionnement précoce, à la soumission collective, à une normalisation facile ? « Avoir la paix » rencontrerait ainsi l'idéal familial et collectif, mais à quel prix !

La frustration de l'enfant est-elle tolérable ?

Serge Lesourd

Scène de la vie courante au supermarché.

Une famille, qu'importe sa composition pourvu qu'il y ait un enfant et un adulte, attend le passage aux caisses. Le chérubin voyant les distributeurs de bonbons réclame d'abord tranquillement puis de plus en plus bruyamment à l'adulte la friandise convoitée. L'adulte, ferme sur ses principes (« les bonbons font mal aux dents », « tu en as à la maison », « je t'en ai acheté hier », etc.), tient bon face à la montée des cris et de la colère de l'enfant. Les regards, peu à peu, convergent vers ce point central d'intérêt, et les commentaires commencent à fleurir dans les diverses files d'attente. Le malaise de l'adulte s'amplifie, rougeur, regard baissé, jusqu'au moment ultime où surgit la formule magique : « Bon d'accord, prends en un, mais un seul ».

Epilogue heureux ?

Soupirs de satisfaction de l'entourage immédiat et plus lointain qui note que cessent les cris de l'enfant.

En quoi cette scène banale de la vie courante est-elle éclairante pour notre sujet ? Elle participe de l'ambiance sociale actuelle, elle vient souligner la difficulté que peuvent rencontrer les adultes pour dire « non » à l'enfant quand l'entourage social jette sur la colère de l'enfant, en réponse à ce non, un regard désapprobateur. Ce regard ne s'adresse pas, le plus souvent, à l'enfant lui-même, mais à l'adulte considéré comme abusivement frustrant.

S'arrêter un moment sur cette scène de la vie quotidienne, c'est aussi la prendre comme un paradigme du regard social porté sur l'enfant et sur son bien-être. Dans ce cadre, le bien de l'enfant est considéré comme ce qui « lui

---

Serge Lesourd, psychanalyste, responsable de recherche au GRAPE.

fait plaisir, comme la satisfaction de ses désirs ». Certes, cette version de la construction subjective est tout à fait utile. L'enfant est porteur de demandes et de désirs qui doivent être entendus par les adultes ; cela lui permet d'affirmer son existence autonome par rapport aux autres, et signe la reconnaissance de sa différence et de sa place par les adultes.

Pourtant, pour l'enfant et pour sa construction, une autre dimension doit être prise en compte, qui disparaît de cette scène banale de la vie quotidienne. Il s'agit de la non-satisfaction de *toutes* les demandes, et du report dans le temps de la satisfaction pulsionnelle, sa non-réalisation immédiate. Pour tenter de comprendre en quoi cette scène banale préfigure d'autres scènes plus violentes qui se banalisent (agression d'un professeur pour une mauvaise note, vol à l'étalage d'objets de consommation, pillage de magasin quand les circonstances s'y prêtent, etc.) dans le parcours de certains enfants, il nous faut faire un détour par la construction subjective de l'enfant et par la place centrale qu'y tient la frustration.

La frustration : un moteur de la socialisation

Dans ses toutes premières relations au monde, l'enfant pris dans la toute-puissance imaginaire de l'hallucination primaire croit que ses objets de satisfaction sont créés par lui à sa demande. Quand il a faim, le sein apparaît ; quand il est sale, il est lavé. C'est parce que la mère, l'environnement de l'enfant, répondent le plus parfaitement possible à ses besoins que se maintient, pour un temps, cet imaginaire vital qui sera la base de la sécurité narcissique de l'enfant. Winnicott parlait, pour les mères, de cet état de « préoccupation maternelle primaire » où elles sont toutes tournées vers l'enfant, dans une symbiose à ses besoins qu'il qualifiait de « quasi psychotique ». Il soulignait aussi que c'est parce que la mère, petit à petit, retrouve d'autres intérêts que l'enfant va déchoir de cette illusion de toute-puissance imaginaire. Ce premier temps de séparation, qui s'actualisera de manière massive dans le cadre du sevrage, est une frustration :

— frustration nécessaire dans laquelle l'enfant va se sentir manquant d'un objet de la réalité (le sein) qui comble son désir ;

— frustration imaginaire dans son essence même, car l'enfant manque du sein qu'il croyait lui appartenir, alors que cet objet lui était de tout temps extérieur, ce n'était pas sa possession ;

— frustration imposée par un agent symbolique, la Mère, qui sait que, de cette séparation, va se construire l'autonomie de l'enfant, et qui s'inscrit ainsi comme soutien à la subjectivation de son bébé.

Ces trois termes sont fondamentaux dans ce processus, constitutif des premières séparations et de l'élaboration de l'objet séparé de lui par l'enfant. La frustration en tant que manque imaginaire d'un objet réel, imposée par un agent symbolique, est une des opérations psychiques de base de la séparation-individuation de l'enfant.

En quoi cela concerne-t-il notre scène banale de la vie quotidienne ? En quoi ce processus de base de la construction subjective est-il en lien avec les refus apportés en réponse aux demandes de l'enfant ?

Pour l'illustrer, je m'appuierai sur une autre scène de cette vie quotidienne, située dans les mêmes lieux.

Dans une file de supermarché, une mère de famille, regardant avec attendrissement sa fillette d'environ trois ans, s'adresse au caissier en ces termes : « Ah, le sucre pour les enfants, c'est une vraie drogue, ils ne peuvent s'en passer ! ».

Quand, au moins dans le dire d'un parent, le sucre devient une drogue, soit ce qui est vécu comme indispensable, comme un « médicament », est-il encore possible de refuser à l'enfant ce plaisir sur le champ ? Certes, pour l'enfant, le sucré est source de plaisir gustatif (quoique certains enfants préfèrent le salé), mais est-ce pour autant un plaisir qui ne peut manquer, un plaisir indispensable dont l'absence entraînerait danger psychique ou physique pour l'enfant ? Chacun, soutenu en cela par la faculté de médecine, s'accordera pour dire qu'il n'en est rien. La représentation de l'aspect drogue du sucré en est pourtant renforcée par cette « dangerosité » que représente, pour la bonne santé physique, son usage abusif. Dans cette contradiction, ce qui s'institue comme difficulté sociale, c'est la contradiction entre frustration de l'enfant *pour* son bien (ne mange pas trop de sucre, c'est mauvais pour la santé) et frustration de l'enfant *de* son bien (le sucre, c'est ce qu'il aime le plus). La réponse drogue vient ici libérer le parent d'un choix éducatif, en soulignant le côté indispensable du produit. La question reste alors dans le domaine de l'imaginaire, tant pour l'adulte que pour l'enfant.

Pour l'enfant, la réponse positive à la demande vient conforter son désir de satisfaction immédiate au plaisir ; pour l'adulte, l'équation sucre = drogue inscrit sa réponse dans un imaginaire (c'est le produit qui est indispensable) qui lui permet d'éviter la difficulté d'un non frustrant à l'égard de son enfant. Ainsi, dans cette construction, dont l'exemple cité n'est qu'un exemple parmi les multiples qu'offre la vie de tous les jours, ce qui reste central c'est la place de l'imaginaire dans les relations entre l'adulte et l'enfant, imaginaire d'un bien-être qui serait dû à la satisfaction des demandes par un circuit le plus court possible. Cet imaginaire, Freud l'a décrit dès le début de son travail, c'est celui du principe de plaisir qui régit l'être humain dans le domaine pulsionnel. Le seul but que vise la pulsion, c'est la satisfaction, soit le plaisir. Ce principe de plaisir est antinomique avec la vie en société et doit, pour permettre le lien social, être mis en ordre par le principe de réalité, soit par la reconnaissance de l'impossibilité de la satisfaction pleine et entière des désirs. Toute l'éducation, et toute la construction subjective du sujet, reposent sur cette modification du principe de plaisir par la réalité. C'est ainsi que le Moi, qui permet la communication avec les autres et assure la cohérence interne du sujet, son sentiment d'existence et de permanence, se distingue du Ça. La construction de l'identité repose en partie — car d'autres processus entrent en jeu — sur cet apprentissage du détour, de l'attente dans la satisfaction pulsionnelle. L'apprentissage de l'attente repose sur la frustration comme opérateur psychique, frustration qui ne peut advenir à l'enfant que dans le parcours éducatif qui sera le sien.

Les cliniciens et les professionnels de l'enfance savent trop bien ce qui se produit lorsque la frustration de l'enfant n'est pas advenue, lorsque, pour des raisons diverses, elle n'a pu se construire. L'enfant grandissant crée alors un monde à l'aune de ses désirs et de leurs satisfactions, monde qui peut prendre soit la forme d'une reconstruction de la réalité, souvent délirante, où les pulsions trouveront satisfaction sur des modes imaginaires hallucinatoires, soit la forme d'un refus de la réalité frustrante et la mise en acte de conduites d'obtention immédiate du plaisir, dans le vol, la violence en réponse au refus d'un autre, ou la prise de drogue, par exemple.

Frustration ou privation

Notre lecteur attentif se demandera si je cherche à préconiser une frustration massive dans l'éducation des enfants, et un retour aux valeurs morales d'un passé qu'il pourrait résumer sous la forme : « Les enfants ne parlent pas ». Ce serait oublier qu'il existe d'autres opérateurs psychiques de la fonction du manque qui n'ont pas les mêmes effets sur le devenir des enfants. A soutenir une position qui ferait du manque la seule vertu cardinale des processus de construction subjective, soit la vieille morale éducative du XIXe siècle, nous confondrions la frustration avec une autre opération psychique qui concerne le manque : la privation.

La privation est aussi un manque psychique, mais à la différence de la frustration, c'est d'un manque réel qu'il s'agit. Un objet symbolique qui devrait être là fait défaut pour le sujet, et il lui est dès lors impossible de s'appuyer sur cet objet pour se construire. L'exemple le plus fréquent de cet objet manquant, dans les cadres sociaux qui nous entourent, c'est l'amour. L'enfant qui manque de l'amour nécessaire est dans un état de déréliction subjective qui l'empêche de construire une relation aux autres. Si j'en reviens aux pédagogies du XIXe siècle, spécialement celles qu'Alice Miller a qualifiées de « pédagogie noire »[1], il est patent qu'elles se construisaient sur une privation et mettaient au centre des méthodes pédagogiques un refus de la réalité même de l'enfant en tant que sujet désirant. Manque symbolique de reconnaissance de ce qu'est l'enfant qui a pu produire, comme le font aujourd'hui certaines formes de maltraitance, les horreurs que chacun connaît.

Dans cette confusion entre privation et frustration gisent bien des difficultés de la vie quotidienne des adultes qui ont en charge des enfants. Les deux processus renvoient au manque, mais dans des fonctionnements différents, et le rabattement de l'un sur l'autre construit, dans notre société, les

1. Alice Miller, *L'enfant sous terreur*, Paris, Aubier Montaigne, 1987.

scènes banales de la vie quotidienne qui illustrent cet article. Cette confusion fait souvent croire qu'il est du plus « méchant » de refuser à l'enfant la satisfaction de son désir, et que l'obtention d'objets désirés est de l'ordre de la normalité. Bien des cadeaux, voire des réponses à des demandes de friandises lors des courses hebdomadaires, sont plus liés à une culpabilité des adultes qui se sentent trop peu présents dans leur relation à l'enfant, du fait le plus souvent de leur travail. Cette réponse par un objet de la réalité à ce qui peut être perçu à juste titre comme un manque de l'enfant est une réponse imaginaire qui considère la frustration comme centrale. Or ce qui est en cause, dans l'absence des parents, c'est une autre valeur, plus symbolique, celle de l'attention que le parent porte à son enfant, soit ce que l'on appelle l'amour. Il y a, dans ce type de réponse, une confusion de registre. La réponse en terme d'objet de la réalité vient occulter la réponse attendue en terme d'amour, en terme symbolique de lien à l'autre, et entraîne un brouillage entre la frustration et la privation.

La frustration un manque nécessaire

Comment, alors, s'interroge le lecteur, faire la part entre les deux ? Comment permettre à l'enfant de constituer un rapport au monde qui ne soit pas d'immédiate satisfaction ? S'agit-il, pour les adultes, d'être présents en permanence ? S'agit-il de ne plus offrir aux enfants ces biens dont ils rêvent et qui, au moment du don, font naître dans leurs yeux ces lueurs de plaisir et de gratitude ? S'agit-il de les « priver » de cette société de bien-être matériel qui est la nôtre ? Encore une fois les questions de notre lecteur attentif sont pertinentes, et bien difficiles à résoudre.

Il ne s'agit pas, lecteur, de revenir à une société sans consommation et sans bien-être, telle que pouvaient la rêver quelques partisans du retour à la terre des années 70. Pourtant la construction subjective de l'enfant et son inscription dans un lien à l'autre, qui ne soit pas de rivalité jalouse ou de revendication massive quant à la possession des objets, passent par ce nécessaire travail de la frustration, qui doit être séparé de la privation ; au risque de me répéter, je dirai cette distinction radicale qui sépare la privation, ce manque réel d'un objet symbolique, de la frustration, ce manque imaginaire d'un objet de la réalité.

Dans son développement, l'enfant va devoir rencontrer les deux opérations de manière inévitable, mais les réponses des adultes seront différentes pour que l'enfant puisse se construire.

L'enfant va rencontrer la privation, que ce soit dans le fait de ne pas pouvoir avoir d'enfant tout de suite ou dans le fait de ne pas pouvoir disposer tout le temps de son objet d'amour premier, la Mère. Ce manque réel, douloureusement ressenti par l'enfant, est pourtant le moteur de son ouverture aux autres et de son désir de grandir. Il est inévitable, mais les adultes qui l'entourent lui permettront de le supporter en situant dans l'avenir la possibilité d'avoir un enfant et une relation privilégiée avec un objet d'amour autre qu'eux. C'est bien parce qu'il éprouve cette privation que l'enfant, grâce à la parole des adultes, accédera à la dimension symbolique de l'œdipe. Mais c'est dans la réponse de l'adulte qui entend cette détresse de l'enfant que va pouvoir être surmontée cette épreuve. Cette réponse aussi fondamentale que l'éprouvé du manque prouve à l'enfant que l'adulte lui est attentif, donc qu'il n'est pas privé d'amour.

L'enfant rencontrera aussi la frustration, inévitable, pour que se mette en place cette sortie de la toute-puissance imaginaire de l'infans. J'ai parlé plus haut du sevrage, mais l'enfant va l'éprouver dans bien d'autres moments de sa construction, au stade anal, dans l'apprentissage du contrôle sphinctérien qui limite le plaisir de l'évacuation immédiate. Il suffit de voir un jeune enfant lutter contre son envie d'uriner, la main tenant le pantalon ou la jupe, pour savoir quel empêchement de plaisir immédiat cela représente. Ces frustrations seront imposées de manière structurante, au nom d'un ordre social qui permet de vivre entre humains, sans que le plaisir de l'un prenne le pas sur le plaisir de l'autre. La frustration, difficile à supporter pour l'enfant, devra donc lui être imposée par les adultes qui l'entourent comme un « mal nécessaire » à la vie en société. Elle sera effet de la place de transmission de valeur sociale et humaine des adultes vers l'enfant, effet d'une fonction symbolique.

Ces deux abords du manque s'articulent au troisième opérateur du manque, le plus connu, bien que le plus complexe : la castration, opérateur du manque qui ordonne les générations et la différence des sexes, sans lesquelles la rencontre de l'autre, spécialement dans l'amour, ne peut que virer à la haine et à la rivalité jalouse.

Après ce parcours à travers les divers opérateurs du manque, la frustration de l'enfant est-elle tolérable ? Il faut bien reconnaître que, malgré cette souffrance qu'elle fait parfois ressentir à celui qui l'impose, l'adulte, elle est un des pivots de l'autonomie de l'enfant. Dans une société où la frustration de l'enfant n'existe pas, c'est toute la construction de sa séparation psychique qui ne peut se mettre en place, entraînant des effets de violence individuelle souvent plus dévastateurs que la violence frustrante. Il sera traité, par ailleurs dans le prochain numéro de *La lettre*, de l'existence de société sans violence. Je ne m'aventurerai donc pas à aborder ce sujet ; simplement, je voudrais rappeler ici que, dans les sociétés indiennes[2] où l'enfant n'est soumis ni aux mêmes séparations précoces ni aux mêmes frustrations que dans les nôtres, tant au niveau des contacts corporels dans les massages qu'au niveau du sevrage, la frustration fait retour de manière massive dans la répartition en caste qui limite l'accès de l'enfant à certaines fonctions sociales.

2. Cf. le film célèbre tourné dans le milieu du travail avec la petite enfance : *Shantala* ; ou les travaux d'Hélène Stork sur les sociétés africaines.

La confusion actuelle qui règne entre privation et frustration pose alors question pour la constitution du lien social et pour la construction de sa place par l'enfant. La réponse par l'objet de la réalité qui construit un mode de rapport entre les humains autour de la dynamique frustrante empêche trop souvent la création d'un lien pacifié entre les sujets.

Serait-il à ce point difficile, pour les adultes, de supporter d'être auteur d'une souffrance pour l'enfant pour transmettre un ordre symbolique qui, seul, peut pacifier les relations entre sujets en évitant la rivalité jalouse ? Ne serait-ce pas plutôt l'envie de voir dans le regard de l'enfant une gratitude (et un amour) parce que l'adulte accède à sa demande immédiate de plaisir ; gratitude qui réassure alors imaginairement l'adulte sur sa place d'être aimé par l'enfant ?

N'est-ce pas alors autour du narcissisme de l'enfant dans le premier cas, de l'adulte dans le second, que se joue le refus d'imposer une frustration qui exprime le refus par l'adulte d'assumer une place d'agent symbolique et, donc, d'aide à la construction de l'enfant ?

CLINIQUE

« J'ai pas de papa, j'ai pas de maman »

Martine Menès

L'autonomie de l'enfant, je l'entendrai au sens de son incontournable solitude face au choix « forcé » qu'il se doit de faire pour devenir humain. L'enfant est seul dans son être au monde, il ne se gêne pas pour le rappeler à l'occasion quand l'horreur de s'en apercevoir le saisit : « J'ai pas demandé à naître ». Certes, voilà une chose qui ne se demande pas, et c'est sans doute pourquoi il est si difficile de renoncer à exiger de l'autre qu'il soit le soutien constant et assuré d'un désir de vivre qui ne cesse de se chercher raison.

Quels liens y a-t-il de la dépendance vitale de l'enfant à ses prédécesseurs à une détermination psychique ? Quelle est l'autonomie de l'enfant dans la réalité où il arrive ? C'est, dit Jacques Lacan, à l'ordre symbolique que le petit humain (« l'animal humain » !)[1] est asservi. Pour y être introduit, il a affaire avec les particularités de ceux — à l'occasion ses parents — qui, de leurs dits, de leurs désirs, de leurs impasses subjectives, supportent et représentent auprès de lui ce système[2]. Sorte d'interprètes d'un discours qui préexiste à tous et que l'enfant devra à son tour interpréter pour s'y loger.

C'est là que se situe le choix forcé pour le mode de présence qu'il va y avoir : névrose, psychose ou perversion. Aucune liberté sinon celle de perdre soit la bourse, soit la vie… et la bourse du même coup.

Martine Menès, psychanalyste, formatrice au GRAPE.

1. « Ce jeu (le fort-da) manifeste en ses traits radicaux la détermination que l'animal humain reçoit de l'ordre symbolique », J. Lacan, séminaire sur « la lettre volée », *Les écrits*, p. 46.
2. « Fort ! Da ! C'est bien déjà dans sa solitude que le désir du petit homme est devenu le désir d'un autre […] qui le domine… », J. Lacan, « Fonction et champ de la parole et du langage », *Les écrits*, p. 319.

« J'ai pas de papa, j'ai pas de maman », déclare avec un vif et soudain sentiment d'abattement ce jeune garçon, d'un ton tout à fait inhabituel par rapport à celui vindicatif qui l'habite le plus souvent. « Mais qu'est-ce que tu racontes ? », se reprend-il lui-même immédiatement. Il est vrai que cet énoncé paraît incohérent au regard de la réalité d'un couple parental aussi aimant qu'attentif.

Que dit ce tout jeune garçon qui, pour être aux frontières de la folie, énonce tout haut ses quatre vérités ? Que dit-il sinon que, pour pouvoir se séparer de ses parents, encore faut-il les avoir « construits », adoptés comme parents dans un lien de filiation, symbolique donc, et pas seulement de maternage et de paternage.

Cet enfant, tel Œdipe, erre dans sa filiation. A son père qui tente de m'éclairer sur sa propre histoire familiale, il déclare : « Si tu as un frère, alors moi je ne suis pas ton fils », et : « Nous alors [il parle de son petit frère et de lui-même] on est seuls ». Révélant[3] ainsi la vérité sur son père resté tellement fixé à ses propres parents qu'il a eu le plus grand mal à faire de sa femme une partenaire. Ce sur quoi l'enfant insistera : « J'ai deux mamans : mamy et maman ».

Dupé par les défaillances symboliques de ceux qui le précèdent, Œdipe ne se reconnaît pas non plus dans sa lignée, et accomplit dans l'aveuglement la prophétie que l'on sait. De quoi est-il aveugle, cécité qu'il ira matérialiser sur son corps faute d'avoir ouvert les yeux à temps ? Non tant d'un cruel abandon sur une colline ruinée de soleil, innocente victime d'une parentalité non assumée comme on dit de nos jours. Mais d'une inscription impossible dans la filiation. De n'avoir été reconnu fils, il méconnaît son père. Et il brûle en effet, mais c'est d'un désir illicite. Le ratage est d'abord symbolique, effet de redondance des non-dits, des non-inter-dits, qui le laisse livré sans lien aux signifiants qui le déterminent : la malédiction, le dire mal.

Aucune parole ne vient l'en séparer, ni de Laïos qui ne doit être père pour avoir lui-même transgressé la loi familiale[4], ni de Polybos, roi de Corinthe, qui le recueille et le laisse passer pour son fils. Enfin ni de Jocaste qui ne pose nulle question sur les cicatrices qu'Œdipe porte aux pieds, traits de l'événement qui présida à son existence, et reste qui devient signifiant à travers son nom : Œdipe veut dire pieds enflés (il fut exposé suspendu par les pieds percés). Si la vue de ce signe sème le doute dans l'esprit de Jocaste — il faut se rappeler que c'est une femme avertie —, elle n'en soufflera mot, laissant son fils-époux endosser dans son corps la castration inopérante au plan symbolique. C'est avec l'aiguille qui retient la robe de son amante de mère qu'Œdipe se transperce les yeux.

---

3. « Le mensonge de la conduite est par eux [les enfants] perçu jusqu'au ravage », J. Lacan, « Du traitement possible de la psychose », *Les écrits*, p. 579.

4. Laïos a eu des relations amoureuses avec son frère d'adoption, Chrysipos, et a été maudit, pour cela, par son père adoptif, Pélops, père de Chrysipos, qui meurt de honte... Entendons bien que ce n'est pas le caractère homosexuel de cet amour qui est prohibé mais son aspect endogame.

Œdipe est laissé en plan, héritier impossible (« Mieux aurait valu ne pas être né », s'exclame-t-il), père impossible d'une lignée où désir et loi ne sont pas noués. Où l'interdit, le dit entre qui vient mettre chacun à sa place et organise les alliances, n'a pas fonctionné, laissant place à la seule loi du désir, si peu humaine.

Comment Œdipe aurait-il pu échapper à la reproduction qui lui fait à son tour maudire ses fils et souhaiter l'extinction de la maison de Thèbes ? Peut-être en ayant un Œdipe plutôt qu'en l'étant...

Mon petit patient va se soutenir du lieu de mise en circulation de la parole que représentent pour lui ses séances pour se déprendre progressivement de sa position d'être le complément de l'Autre. Il me demande de l'aide pour se repérer dans son histoire et sa vie : « T'as une maman ? », puis : « Ecris-moi les règles ». Et il commence à mettre de l'ordre : « Avec mémé on a tous les droits, avec Maman non ».

Repérage et intégration de la loi qui lui permettent, petit à petit, de sortir de sa relation d'assujettissement au grand Autre (tout adulte vécu comme tout-puissant et donc, selon les cas, à satisfaire totalement ou à détruire pour ne pas en être détruit). Et de la relation d'affrontement vital (c'est moi ou lui) dans lequel il était avec tout petit autre, tout semblable : frère, camarade de classe, au point de le faire considérer comme un enfant dangereux.

Voilà donc un enfant qui quitte « le tranchant mortel » de la relation à l'autre (base de la structure paranoïaque) pour s'engager dans le pacte social. Autrement dit, un enfant qui construit, avec les parents qu'il a, un Œdipe qui lui permettra de s'en séparer (de ses parents), ce que son illustre prédécesseur n'a pas eu l'occasion de faire...

Autonomie : une réflexion d'équipe

Denise Barokas
Bernadette Mourlas

« Tout enfant d'humain est fabriqué au confluent d'une union biologique et d'une alliance culturelle, renouvelée à chaque génération ».

T. Nathan

Lorsqu'il a été demandé à notre équipe de contribuer en apportant notre point de vue sur le sujet : « Autonomie ou solitude de l'enfant », je n'avais pas mesuré la difficulté de cette entreprise.

En effet, dans une pouponnière accueillant une cinquantaine d'enfants de zéro à trois ans, et dont les parents appartiennent à des horizons culturels différents (actuellement algérien kabyle, antillais, arménien, égyptien, haïtien, malien, marocain, tunisien, turc, russe, vietnamien et yougoslave), la question de l'autonomie et/ou de la solitude de l'enfant en entraînait une autre : par rapport à qui et à quoi ? Si l'on considère l'enfant comme un être en devenir, je me pose la question : devenir qui ? Pourquoi ? Ce qui pose d'emblée l'importance de l'appartenance d'un enfant à une famille, à un groupe ethnique, à ses racines, à ses ancêtres... !

L'autonomie implique la possibilité pour un individu de gérer sa vie, tant intérieure (psychique) qu'extérieure (culturelle et sociale). Et aujourd'hui plus que jamais, nous savons que l'un ne va pas sans l'autre.

Pour se constituer intérieurement, l'enfant a besoin d'un « extérieur » solide, rassurant, ayant un fonctionnement cohérent, délimité par un en-

Denise Barokas, psychologue.
Bernadette Mourlas, responsable de la pouponnière Blum-Ribes de la CRAMIF, Montreuil (93).

semble d'éléments qui définissent son appartenance. Une langue, des représentations de l'enfant, de la personne, de la maladie, du malheur, etc. La prise en compte de ces éléments dans l'accompagnement des familles et des enfants en difficulté est en soi une démarche particulière. Lorsque les enfants très jeunes sont séparés de leurs familles — pour des raisons médicales ou autres — et sont confiés à une collectivité, la démarche devient encore plus compliquée. Comment « prendre en charge » ces enfants en respectant leurs différences, tant individuelles que culturelles ?

Et pourtant, ce n'est qu'à ce prix que l'on peut leur permettre l'accès à « l'autonomie ». Cette autonomie qui nécessite la construction des frontières dedans/dehors ne peut se faire que lorsque la filiation à une famille et l'affiliation à un groupe ethnique, à une communauté, lui sont accessibles. A-t-on toujours la souplesse et la sagesse nécessaires pour leur permettre cet accès, qui passe nécessairement par l'acceptation des parents quels qu'ils soient ?

En pouponnière, en privilégiant l'autonomie « motrice » — « Tu peux faire seul » —, on passe parfois à côté de l'autonomie psychique, qui pourtant reste essentielle pour un développement harmonieux. C'est ainsi qu'on s'aperçoit souvent que l'enfant qui acquiert une autonomie motrice précoce qui lui est imposée, met plus longtemps à acquérir le langage.

Penser l'enfant, chercher à comprendre la représentation de l'enfant dans la pensée des parents, la respecter sont parmi les conditions essentielles pour lui permettre l'accès à cette autonomie. Autrement, l'adulte en question entre nécessairement, de manière consciente ou inconsciente, en conflit avec les parents, se situant ainsi dans le registre de la « rivalité ».

Les parents, quelles que soient leur fragilité psychologique et leur défaillance éducative, perçoivent très vite cette situation où ils se sentent observés, épiés, critiqués, jugés, voire dévalorisés. Ce qui les met en colère et les rend souvent « agressifs » à l'égard des personnes qui s'occupent de leur enfant. Le seul fait de leur donner la place qui leur revient, de remettre leur comportement, l'expression des symptômes dans leur propre contexte culturel, en les « mettant à l'aise », en les laissant, lors des visites, utiliser l'espace et le temps à leur convenance, tout en tenant compte du cadre et des « limites » de la collectivité, leur permet d'exprimer enfin la tendresse et l'attention qu'ils peuvent s'autoriser à l'égard de leurs enfants. Et par là même, nous donner la possibilité d'entrer en relation avec eux dans un rapport qui, tout en restant professionnel, s'assouplit, s'harmonise, « s'humanise », et peut ainsi être « thérapeutique ».

« Autonomie : droit de l'individu de déterminer librement les règles auxquelles il se soumet »
Petit Robert

Pour atteindre l'autonomie, c'est-à-dire la propriété qu'a la volonté de trouver elle-même la loi de ses déterminations (Kant), l'enfant devra construire son identité, organiser sa personnalité en interaction avec les différents modèles de société qui lui sont présentés, au sein de relations interpersonnelles au cours desquelles il élabore des attitudes de sociabilité à la fois d'attachement et de rejet à l'égard des sujets qui l'entourent. Activité complexe, où les émotions, les imitations, les agressions, les identifications jouent des rôles multiples.

L'enfant humain, en raison de sa faiblesse et de son incapacité à assurer sa propre subsistance, se trouve pendant de longues années sous la tutelle absolue des adultes qui l'entourent. En outre, être social, cet enfant naît le plus généralement au sein d'une famille constituée, et c'est dans ce milieu naturel que va se dérouler une partie importante de sa vie, que vont se former ses premières habitudes, ses premières relations avec autrui, et se fonder les premières organisations de sa personnalité qui portera l'empreinte des aspects divers caractérisant le milieu socio-économique et culturel dans lequel se situe la famille (I. Lezine).

Il arrive que, lorsque les parents naturels ne peuvent plus provisoirement assurer eux-mêmes l'éducation de leurs enfants, ceux-ci soient confiés à des établissements : par exemple les pouponnières (enfants de zéro à trois ans). Le travail de l'équipe pluriprofessionnelle se situe dans le contexte d'une approche globale de l'enfant, dans et par sa famille dans toutes ses dimensions : sanitaire, médicale, éducative, psychologique, sociologique (ethnologique), juridique, économique et sociale.

Comment travailler avec les parents en milieu institutionnel pour éviter que « enfant placé ne soit synonyme de parents oubliés » ? Il ne suffit pas d'y penser ; il convient d'organiser des dispositifs, de se donner des moyens en personnel, en temps, en compétences pour établir, maintenir et rendre utiles les liens avec les parents qui ne sont pas toujours simples mais qui sont constitutifs, qu'on le veuille ou non, de la santé physique, intellectuelle et affective de l'enfant.

Myriam David déclare que « la mise à distance des parents reste trop souvent synonyme de vide pour l'enfant. Perdu dans un no man's land, il ne trouve pas d'autres repères, et les carences s'accumulent. La séparation ou le maintien des liens ne sont pas un traitement en soi, les deux doivent faire simultanément l'objet de soins. On ne peut brader ni l'un, ni l'autre ». Ainsi, des parents dits « maltraitants », soit accidentellement, soit par manque de maturité, soit par leur marginalité, se sont vu retirer leurs enfants. Ceux-ci sont accueillis à la pouponnière, confiés par l'ASE.

Nous essayons de mettre en place auprès de ces parents, pour le bien-être de leurs enfants, une écoute empathique, en aménageant une grande disponibilité de temps et en assurant une présence dans la proximité au quotidien afin de rendre les parents plus autonomes, dans le but de permettre à l'enfant de rester « l'enfant de ses parents ». Ce travail d'accompagnement vers l'autonomie utilise différents moyens pour soutenir les parents et aller vers eux :
— des visites à domicile fréquentes et multiples. Nous proposons d'aller chercher les parents chez eux pour leur faciliter la visite de leur enfant à la pouponnière ou d'autres enfants de la fratrie placés dans d'autres établissements. De même, nous accompagnons l'enfant dans les établissements où les parents (l'un et/ou l'autre) se trouvent hospitalisés ou incarcérés, ce qui permet le maintien du lien familial. Une mère peut demander et obtenir de l'hôpital la permission de venir participer à la fête organisée pour l'anniversaire de son enfant à la pouponnière, et nous effectuons l'accompagnement ;
— des entretiens d'aide psychologique et sociale au cours desquels nous aidons les parents à construire des projets pour l'enfant et à les réaliser : par exemple venir donner les soins aux enfants (bain, repas, changes), sortir l'enfant dans le jardin de la pouponnière, puis dans la ville, puis au domicile. Ces entretiens visent à les revaloriser dans leur savoir-faire, leur savoir-être, et à reconnaître leur identité culturelle (approche ethnopsychologique), en respectant leurs choix dans leurs attitudes éducatives, tant dans la manière d'habiller l'enfant que dans la façon de lui procurer des soins d'hygiène (coupe de cheveux, massage) et/ou d'alimentation... ;
— chaque projet concernant l'enfant est négocié avec les parents. On explicite les problèmes rencontrés, on clarifie les informations utiles, afin de leur donner les moyens de s'exprimer auprès des différentes instances (ASE, juge pour enfants, etc.). Pour les enfants handicapés, il s'agit de faire connaître les différentes possibilités d'accueil ultérieures, et suffisamment d'éléments pour leur permettre d'élaborer en connaissance de cause un projet de vie avec et pour l'enfant. Quand une orientation vers une famille d'accueil est décidée, il est nécessaire de les aider à comprendre la décision prise, de les accompagner dans cette démarche de compréhension en obtenant leur participation au projet et en les confortant dans leur rôle de père et de mère. Les aider à rester parents, c'est faire que l'enfant puisse se construire à partir de la connaissance de sa filiation.

Ce travail d'accompagnement se réalise également avec différents partenaires extérieurs : équipes PMI, CESAP, association de parents d'enfants handicapés, services de soins à domicile, etc. Le retour de l'enfant à domicile conduit à participer activement à la recherche et à l'obtention d'un logement, à son aménagement et à la mise en place de services d'aide à domicile.

Ce n'est qu'au prix de l'autonomisation des parents, en réaffirmant que chacun a droit à un respect inconditionnel qui implique la satisfaction de besoins reconnus à tous, qu'ils pourront user de leur propre liberté de citoyen. Ce n'est qu'au prix de cet accompagnement vers la socialisation, par un travail dans la continuité, que nous pourrons valoriser sa famille aux yeux de l'enfant et prendre en compte les tensions, les conflits, voire recréer les liens s'il y a eu rupture. L'enjeu fondamental reste l'identité même de l'enfant.

David est-il un enfant seul ?

Jocelyne Lamalle

Ne laissez jamais les enfants seuls !

Cette recommandation de prudence chez les professionnels de la petite enfance fait écho à la règle de conduite de bien des mères de nourrissons tant l'image d'un bébé seul, livré à lui-même, évoque de dangers. Respire-t-il encore ? Ne va-t-il pas lui arriver malheur ? Les rituels des sociétés traditionnelles et tous les conseils de puériculture des sociétés « modernes » pour protéger le bébé de tous les dangers, réels ou imaginaires, qu'il encourt, sont là pour montrer que sa vulnérabilité appelle chez les adultes chargés de ses soins, sa mère en premier lieu, vigilance et protection de chaque instant. D.W. Winnicott allait même jusqu'à dire « qu'un enfant seul, cela n'existe pas », tant s'impose immédiatement à l'esprit l'inéluctable question : « Mais où est donc sa mère ? ». Un enfant sans mère : impensable ; ou alors très douloureux à penser (les professionnelles des pouponnières le savent bien...).

Que pourrait-il donc se passer dans cette solitude ? Que pourrait-il arriver à cet enfant laissé seul ? « On voudrait que rien ne lui arrive », disent les mères quand elles confient leur inquiétude aux puéricultrices de PMI à qui elles racontent qu'elles se lèvent la nuit pour aller voir leur bébé, même s'il ne pleure pas. Les plus courageuses diront « surtout s'il ne pleure pas ». Car alors, de deux choses l'une : ou il ne respire plus — horreur ! —, ou il respire trop bien... sans sa mère ! Amertume. Pourrait-il se passer d'elle ? Est-ce vraiment pensable ?

Pourtant, au fond de son lit, le bébé ne dort pas toujours. Que fait-il s'il ne dort pas ? Il fait des choses *tout seul* : regarder au-dessus de lui, téter, jouer avec ses mains, ses pieds, se frotter le nez avec un morceau de sa cou-

---

Jocelyne Lamalle, psychologue, formatrice au GRAPE.

verture. Rien de tout cela n'est sous le contrôle de l'adulte, si ce n'est pour l'empêcher ! Toutes les raisons étant bonnes : c'est l'heure du biberon, de la sortie, du bain, ou tout simplement parce qu'un bébé qui gazouille seul dans son lit, c'est si attirant qu'on ne peut pas s'empêcher d'aller voir. Et c'est fini. Il n'est plus seul. Il perd, à l'instant même où il perçoit votre tête, l'intérêt pour ses petits plaisirs de bébé seul.

Bien sûr, il a besoin de vous. D'abord et surtout si vous êtes sa mère. Sa vie se construit appuyée à la vôtre. Vous savez mieux que quiconque ce qui est bon pour lui, pensez-vous. Vous le connaissez bien puisque vous l'avez mis au monde. Vous avez choisi son prénom : David. Il ne vous est pas étranger.

Pourtant, ce petit coin de solitude où il s'éprouve lui-même vivant, agissant, acteur et spectateur du monde, vous est étranger. Il n'appartient qu'à lui. Jamais le bébé ne livrera quoi que ce soit de ce qui se passe pour lui dans ces moments-là. Insupportable ! La différence entre lui et vous, vous étreint comme barrière infranchissable, peut-être comme une dépossession d'une partie de vous-même. Après tout, cet enfant, chair de votre chair, il est à vous ; alors ces secrets qu'il a pour vous, c'est agaçant à la fin !

Plus tard, quand il a deux ans, il parle. Et pourtant il vous échappe encore. Il est là, devant vous. Concentré à enfiler sur un cordon de grosses perles en bois que vous venez de lui offrir. Et le voilà qui vous met « hors jeu ». Vous tentez un « ça va mon bébé ? ». Mais rien. Il ne répond pas. Absorbé dans sa tâche, il est « seul en votre présence »[1], et avec tout le respect que vous inspire D.W. Winnicott pour ses théories sur la vie psychique des enfants, vous vous sentez « seule en présence de votre enfant », lequel ne fait aucun cas de vous.

Alors, vous allez vous absorber, vous aussi, dans vos propres tâches. Vous passez l'aspirateur. Perfide… Mais rien. Il ne sourcille même pas. Vous commencez la préparation d'un gâteau : mixer, batteur à œufs, four qui chauffe… rien ! Il ne bronche pas. Un rien agacée, vous vous concentrez sur votre recette.

Puis, tout à coup, un appel : Maman ! Il a enfilé trois perles et vous montre fièrement son œuvre. Vous fondez. Vous « en faites un plat » sur cette réussite, accourant pour partager son plaisir. Devant tant de bonheur chez sa mère, David entreprend d'enfiler d'autres perles. Il réussit très bien, si bien même que, sans aucune aide, naît sous vos yeux un long collier multicolore qui n'en finit pas. Vous hésitez à repartir vers votre cuisine, et pourtant, de nouveau, vous êtes hors jeu.

Que faire ? A-t-il besoin de votre présence pour continuer, vous assignant une place de témoin silencieux de sa performance ? A-t-il encore conscience de votre personne ? Le voyant si occupé et tranquille, vous vous éclipsez vers votre cuisine. Vous en êtes à la garniture de votre gâteau et

---

1. D.W. Winnicott, « La capacité à être seul », *dans* : *De la pédiatrie à la psychanalyse*, Paris, Petite bibliothèque Payot, 1976.

rien ni personne ne doit plus vous déranger. Mais David a fini son collier et à son joyeux « Maman ! », vous vous entendez répondre, irritée : « Ah ! non débrouille-toi tout seul maintenant ! ». Que ressent-il ? David est-il un enfant seul ?

Le jardin secret où il a pu s'absorber pour mener à bien cet enfilage de perles va-t-il devenir un lieu désert où sa mère refuse de le rejoindre ? « Un seul être vous manque et tout est dépeuplé ». Lamartine avait raison : d'un seul coup, avec l'absence de sa mère, David perd la possibilité de lire dans ses yeux qu'il est capable de créer quelque chose de bien, un regard sur soi-même qui donne confiance et envie de vivre. A qui va-t-il montrer le collier ?

Il faut si peu de chose pour rater une rencontre, et si peu aussi pour entraver la naissance d'une œuvre d'art, fût-elle celle d'un enfant de deux ans. Entre solitude, lieu de construction et délaissement, même momentané, source de frustration, de déception, et risque de déconstruction, la frontière n'est pas toujours aisée à repérer pour l'adulte qui vit avec un enfant : l'enfant « dans la lune » est-il en train de rêver, de construire dans sa tête des scénarios, d'imaginer le monde, ou bien est-il en train de se déprimer ? Il faut à l'adulte beaucoup de délicatesse et de respect de l'enfant pour savoir se taire, se retirer quand l'enfant a besoin d'être seul, tout en restant disponible si celui-ci requiert de l'aide.

Avons-nous toujours cette sagesse ? N'avons-nous pas plutôt tendance à oublier que nous aussi nous avons été des enfants, capables de nous adapter à ce qu'il nous était donné de vivre mais, en même temps, si dépendants d'un simple mot, d'un simple regard pour avoir le désir de continuer de vivre. N'y aurait-il pas pour l'enfant quelque risque de solitude mortifère dans la difficulté des adultes à reconnaître en eux cette perte à soi-même qu'est l'indifférence ou le regard « absent » de l'autre ?

Claude Olivenstein, dans son livre *L'homme parano*, nous livre la souffrance de l'enfant à qui manque quotidiennement ce regard « soutenant » : « Aussi loin que je me souvienne, avec l'estompe du temps, j'ai eu le sentiment d'une certaine hostilité de l'entourage, en tous les cas d'une incompréhension, d'une fausse gentillesse, ou pire, d'une absence de gentillesse là où il aurait fallu me témoigner quelque attention, de petits égards, un regard qui m'aurait permis d'exister ». Ce qui lui fait écrire dans le même ouvrage que « le parano se forme dans l'absence de regard de l'autre. Dans le regard qui vous traverse sans vous voir »[2].

De façon plus subtile et voilée, l'encouragement ambigu à « se débrouiller tout seul » adressé par nous, adultes, à l'enfant ne révèle-t-il pas, en même temps que notre indisponibilité à sa demande, notre tendance à croire à la toute-puissance de notre parole, la parole de notre enfance : quand autrefois nous prononcions « Maman », et que notre maman réelle apparaissait. Aujourd'hui, quand nous lui enjoignons de se débrouiller tout seul,

2. C. Olivenstein, *L'homme parano*, Paris, O. Jacob, 1992.

croyons-nous vraiment qu'il en est capable ? Suffit-il de le dire pour que cela soit vrai ? A qui mentons-nous : à l'enfant, à nous-mêmes ? Derrière cette parole qui témoigne de notre présence — physique — l'enfant ne repère-t-il pas une certaine façon d'être psychiquement absent à lui ? S'y retrouve-t-il et que comprend-il de notre désir pour lui ? De son côté, il n'est pas passif, et il réagit : il peut renouveler son appel ou bien renoncer. Mais de sa volonté de se faire entendre, de sa capacité d'insister auprès de l'adulte, et des réponses reçues dépendra sans doute l'établissement progressif d'une attitude face à la vie, aux obstacles, aux difficultés[3], un certain regard sur soi-même, créatif, encourageant ou, au contraire, dévalorisant, voire accablant.

Ainsi, accepter d'être dérangé dans ses propres activités ou préoccupations par un tout-petit qui appelle est peut-être un passage obligé pour avoir le plaisir, ensuite, de le sentir fier de lui, relativement autonome dans ses actes, ses pensées. Relativement seulement, car reconnaissons que, devenus adultes, nous continuons de puiser sans cesse au regard de l'autre l'estime et l'amour qui nous donnent envie de vivre.

3. P. Mazet, « La place de l'estime de soi dans les apprentissages de l'enfance », *dans* : *Penser-apprendre*, (sous la direction de P. Mazet et S. Lebovici), Paris, Editions Eshel, 1988.

LECTURES

Loczy… vingt ans après !

Serge Lesourd

Relecture du livre de Myriam David et Geneviève Appell, Loczy ou le maternage insolite, *Paris, Editions du Scarabée, 1973.*

Relire, pour la préparation du colloque « A l'aube du sens, la parole à l'enfant », ce grand classique de l'éducation de la toute petite enfance en institution laisse planer un malaise diffus sur le lecteur que je suis. Est-ce parce que Loczy, en tant que modèle, a fait école dans de nombreux lieux d'accueil des tout petits, et que la réussite n'est pas toujours au bout de ces institutions ? Je n'en suis pas si sûr. Est-ce alors parce que, comme peuvent l'interroger les auteurs eux-mêmes[1], il me semble avoir affaire, en déroulant le fil des pages, à des enfants bien socialisés, bien « conditionnés », mais auxquels manquent cette part de révolte qui crée la subjectivité et la différence avec les autres ? Sans doute déjà un peu plus, mais est-ce suffisant ?

Je vais essayer de reprendre la discussion construite par les auteurs avec l'institution du Dr Pikler pour tenter d'éclairer mon malaise aux yeux du lecteur.

D'abord, les auteurs soulignent l'efficacité de Loczy pour éviter les carences fondamentales du très jeune enfant : permanence de la nurse qui suit son groupe, stimulation active de l'enfant vers l'extérieur, valorisation des réussites et centrage de l'intérêt de l'adulte sur les acquisitions successives de chacun des enfants, permanence donc et valorisation dans une relation privilégiée, soit dans une affectivité réelle.

Ce tripode de la relation des adultes à l'enfant dans la pouponnière de Loczy évoque, bien sûr, pour tout professionnel, la lecture de bien des textes psychologiques sur la relation de la mère à l'enfant, sur la relation de l'en-

1. Cf. pp. 123 et suivantes.

fant à la mère, bref sur cette dyade des premiers temps de la vie. Il s'agit de donner à l'enfant la place valorisée qui doit être la sienne dans une relation aimante tournée vers lui. Il s'agit de mettre l'enfant — qui est « l'avenir de l'Homme », comme le disait le poète — au cœur de la relation. Winnicott parlait de cette préoccupation maternelle primaire, idéal d'une relation où l'enfant est le centre de la relation, en des termes moins élogieux et la qualifiant même de relation psychotique. Il soulignait que, si cette période est fondamentale pour assurer la sécurité de base à chaque bébé, elle doit s'arrêter pour que celui-ci acquière son autonomie. C'est à Loczy, le pari du Dr Pikler et de son équipe, de reconstruire cette relation pour des enfants qui en sont privés du fait de la séparation d'avec leur mère. Il s'agit donc d'essayer, avec les moyens techniques et humains possibles dans une institution, de recréer une relation idéale qui peut exister, mais pas toujours, dans le cadre privé familial. Les nurses (les trois qui tournent sur le groupe) incarnent donc, à elles trois, la « bonne mère », celle qui est tournée vers son enfant. Relation dont les auteurs précisent qu'elle doit se situer hors d'un lien privilégié d'amour exclusif entre une nurse et un enfant, hors d'une relation d'amour donc. C'est sur ce point que vient mon malaise de lecteur, et de praticien de la psyché humaine.

Cette construction d'une relation « idéale » pose question pour la construction du rapport de l'enfant au monde car, à la différence de la relation maternelle, elle se veut une relation exempte d'ambivalence. Cette absence d'ambivalence dans le lien à l'enfant permet à celui-ci l'expression de ses potentialités et la mise en place d'une autonomie dans ses activités et ses comportements, de manière précoce. Les auteurs soulignent d'ailleurs cette qualité qui fait que les activités de l'enfant sont de vraies activités et non des comportements de réassurance face à la solitude[2]. L'absence d'ambivalence dans la relation permettrait donc, dans un cadre institutionnel, un épanouissement de l'enfant par un évitement de l'incohérence que construit l'ambivalence dans la relation de la mère à l'enfant. Mais une question s'ouvre alors quant à la constitution par l'enfant des liens sociaux banals qui sont toujours teintés de cette ambivalence des sentiments. Je t'aime, toi, mon enfant, dit la mère ; tout en pensant, *in petto* : mais que tu peux être encombrant et gênant pour ma vie personnelle ! L'ambivalence des toutes premières relations est en effet fondamentale, même si elle est douloureuse pour l'enfant et inadmissible par l'adulte de la société occidentale, dont le modèle de la mère parfaite est incarné par la Vierge Marie, toute tournée vers son fils ; l'ambivalence impose une mise à distance de la mère par l'enfant, et donc une élaboration psychique de ce qui est au départ incompréhensible : la non-réponse parfaite de la mère aux demandes de l'enfant. L'ambivalence ressentie très tôt par l'enfant dans les premiers liens et les premiers soins de la mère à son égard construit ainsi un rapport

2. Cf. pp. 134 et suivantes.

humain complexe, mais riche de potentialités multiples, car non déterminées.

C'est cette question centrale qui a resurgi à la relecture de cet ouvrage et de la pratique qu'il décrit. Mettre l'enfant dans une situation toujours positive — ce qui fut le cas pour Summerhill dans le cadre éducatif, ou pour l'Ecole orthogénique de Chicago dans le cadre thérapeutique — n'est pas sans conséquence sur le devenir de l'enfant dans ses liens sociaux. Ces trois expériences posent au cœur de leur parcours la réussite de l'enfant comme facteur nécessaire à son grandir ; pourtant elles ne sont pas réellement comparables. Bettelheim, par exemple, travaillait avec des enfants psychotiques et faisait grand cas, dans son travail, de la haine de l'enfant et de celle des soignants qui les prenaient en charge[3] ; il construisait même son travail à partir de ce vécu de haine brute et de destruction, qu'il avait éprouvé dans le cadre des camps de concentration. A Summerhill, c'est sur l'aspect apprentissage que se concentrait le travail, et sur les différences qui existent entre les enfants dans leur rapport au savoir. Chacun devait garder en tête qu'il n'est pas « naturel » de vouloir apprendre, et que certains enfants, même, détestent la connaissance et son apprentissage. Ainsi, dans chacune des expériences, une part du travail prenait en compte la haine et la violence fondamentale de l'enfant envers ce qui constituait le centre d'intérêt majeur de l'institution.

A la lecture du livre de Myriam David et de Geneviève Appell, c'est cette part d'oubli de la haine et de l'ambivalence dans les relations de l'enfant à la mère (ou à ses substituts) et de la mère à l'enfant, dans la description de Loczy, qui me laisse sur le malaise que j'évoquais en début de cette note de lecture. Cet oubli d'une haine, toujours active, chez l'enfant et chez l'adulte donc, fait de Loczy un lieu idéal, mais aussi un lieu irréel, un lieu imaginaire, où la vie ne présente qu'une de ses facettes, celle de la reconnaissance et de la valorisation, oubliant du coup la part de violence à l'origine du placement de l'enfant, et la violence fondamentale[4] qui constitue une part de l'identité subjective de l'enfant.

3. Cf. B. Bettelheim, *Marcia, ou la forteresse vide*, Paris, Gallimard, 1969, et Geneviève Jurgensen.
4. Jean Bergeret, *La violence et la vie, la face cachée de l'œdipe*, Paris, Payot, 1994.

Livres reçus

La maltraitance se crie mais ne s'écrit pas ?, sous la direction d'André Chantreau, Recherches, initiatives sociales et communications, GLB, 1993, 300 pages, 130 F.

Cette recherche faite par cinq éducateurs du Service d'action éducative de Dammarie-les-Lys (Seine-et-Marne) porte sur trois cents dossiers d'enfants et adolescents maltraités, pris en charge dans le cadre judiciaire. Elle tente de mettre en lumière les différentes formes de maltraitance, puis de dessiner les divers profils d'enfants subissant la violence de la part d'adultes qui transgressent des interdits en osant frapper, violenter ou humilier. L'intérêt majeur de cette étude, au-delà de la connaissance des faits, se situe dans le travail autour de la difficile question de la nomination de la maltraitance des enfants. Dans l'analyse des écrits qui composent les dossiers étudiés, nous glissons de la trace sur le corps de l'enfant… aux traces écrites de parcelles d'histoires de vie. Cette étude se situe donc aux limites du visible et du caché, en tentant de mettre un peu de lumière sur ce phénomène. Tous les textes portent en eux la même plainte, celle d'une enfance confisquée par ce qui pourrait être appelé, dans cette lecture, « une pathologie de la parentalité ».

Le langage des bébés. Savons-nous l'entendre ?, ouvrage collectif sous la direction de Marie-Claire Busnel, Jacques Grancher, 1993, 355 pages, 149 F.

Cet ouvrage collectif rassemble des textes de personnalités scientifiques, des témoignages de parents, des observations issues d'expériences en cours, des confessions, des dialogues, des monologues... qui suggèrent, montrent ou démontrent une réalité : le nourrisson s'exprime, et il a des choses à nous dire. Ainsi, l'ouvrage s'inscrit dans le droit fil des réflexions qui animent l'équipe du GRAPE dans le cadre de la préparation du colloque « A l'aube du sens, la parole à l'enfant », présentant l'aspect inverse de notre thématique, celle de l'expression de l'enfant, de la parole de l'enfant, qui doit s'inscrire dans une parole à lui adressée par les adultes qui l'entourent.

A propos de Deligny, Service études, Centre national de formation et d'études de la protection judiciaire de la jeunesse, Vaucresson, 1993, 90 pages, 45 F.

Petit opuscule collectif, remarquable. Il manquait à notre réflexion ce court récapitulatif de la vie et de l'œuvre de Fernand Deligny, qui inspire aujourd'hui bien des acteurs de l'éducation des enfants. L'ouvrage ne se veut ni une somme sur la pensée multiple de cet auteur et éducateur talentueux, ni une louange à l'action de celui qui fut, avec le juge Chazal et Georges Heuyer, un des pionniers de l'action éducative innovante. Il ressitue clairement le parcours de ce précurseur, hors courant, et comporte une bibliographie passionnante de cet auteur (avec les rééditions) et sur cet auteur, après une étude sur le style particulier de celui qui reste aussi un écrivain sur l'enfance.

Les recompositions familiales aujourd'hui, sous la direction de Marie-Thérèse Meulders-Klein et d'Irène Théry, Nathan, 1993, 348 pages, 135 F.

Comment passer à côté de ce titre dans le cadre de ce numéro de *La lettre* ? En effet, cet ouvrage fait référence en matière de nouvelles formes de liens familiaux et se veut une synthèse des connaissances actuelles et des problématiques de recherches dans quatre domaines essentiels : la démographie, la sociologie, la psychologie et le droit. Ces deux dernières parties ont d'ailleurs particulièrement attiré l'attention de l'auteur de ces lignes. Ouvrage, donc, qui dresse un bilan quasi complet de la situation actuelle, mais surtout qui ouvre de nombreuses pistes de réflexion sur la conception du lien familial dans notre société, ce qui ne peut que concerner nos lecteurs.

Quelques autres titres intéressants

« Enfance et fiction. De la fiction théorique à la réalité thérapeutique », *Art et thérapie*, n° 48/49, décembre 1993, 115 F.

Les questions incontournables des enfants et les réponses évasives des adultes, M. Soulé ; M. Bet ; C. Chiland ; P. Denis ; G. Diatkine ; G. Fava Vizziello ; B. Golse ; M.R. Moro ; J. Noël ; F. Peille ; R. Puyuelo ; M. Rufo, Editions ESF, 1994, 165 F.

Alain Vulbeau, *Du gouvernement des enfants*, Editions Epi/Desclée de Brouwer, 1993.

GROUPE DE RECHERCHE ET D'ACTION POUR L'ENFANCE

Le GRAPE, créé en 1975, est issu du GELPFS (Groupe d'études et de liaison des placements familiaux spécialisés) qui, dès 1962, a réuni des professionnels de toute la France travaillant auprès d'enfants ou d'adolescents séparés de leur famille.

Dans les années 70 commençait à se poser plus nettement la question de la prévention primaire. Il ne suffisait plus de protéger les enfants de familles en difficulté, il fallait aussi prévenir les risques par une aide précoce aux mères, par une amélioration des lieux d'accueil des tout-petits, par une professionnalisation des personnels de la petite enfance.

C'est ainsi que le GRAPE a été, à cette période, un élément moteur du projet de statut des assistantes maternelles (1977), qu'il a créé le journal *Enfant d'abord*, aujourd'hui autonome, et a organisé les premiers « Etats généraux de la petite enfance » à la Mutualité en 1978.

Actuellement, *l'équipe du GRAPE, composée de professionnels de terrain* (psychologues, médecins, psychanalystes, éducateurs, sociologues), développe au sein de *groupes de travail* internes, ou en collaboration avec d'autres associations, une réflexion permanente sur l'articulation entre : ce qui est plus ou moins justement appelé « le bien de l'enfant », le droit des familles, les contradictions d'une société de progrès, les missions des services sociaux ou médicaux...

Elle développe la recherche sous l'angle de la psychanalyse, en associant les champs anthropologique, sociologique, culturel et artistique ; elle insiste sur le lien qui existe entre les différentes périodes de la vie d'un enfant, petit ou grand, français ou étranger ; prise en compte qui concourra à prévenir les difficultés rencontrées à l'adolescence et à favoriser la construction de l'enfant en tant que sujet, et ainsi lui permettra de se reconnaître dans sa lignée, puis plus tard d'assurer sa fonction de parent.

Pour cela, l'Association privilégie le travail avec les adultes responsables d'enfants ou d'adolescents, en leur proposant des *actions de formation* ou des *interventions sur leurs lieux de travail*, ainsi que sa collaboration dans l'élaboration de politiques de services en direction de l'enfance.

Les travaux menés avec ses adhérents et partenaires font l'objet de *publications* aux éditions Erès dans la collection « Les recherches du GRAPE » ainsi que dans la revue trimestrielle *La lettre*.

Le GRAPE signale

COLLOQUES

Octobre 1994

6-7. L'exclusion en héritage

Colloque européen organisé par la Fondation pour l'enfance, European Forum for Child Welfare
Centre international des conférences, Paris
Renseignements :
Fondation pour l'enfance, 8 rue des Jardins Saint-Paul, 75004 Paris
tél. : 42 74 51 91 - 42 74 53 03
fax : 42 72 67 19

15-16. Parents et adolescence

Colloque international
Université de Nice-Sophia Antipolis
Renseignements et inscriptions :
Claude Miollan, CIRPC
Université de Nice
UFR Lettres, Arts et sciences humaines
98 boulevard Edouard Herriot
BP 209, 06204 Nice Cedex

20-21-22. Colloque du GRAPE

A l'aube du sens : la parole à l'enfant

Ferme du Buisson
Centre culturel de Marne-la-Vallée (77)

Entre corps et langage, à la recherche du temps perdu ?
Parler aux enfants, oui mais pour dire quoi ?
L'imaginaire au pouvoir... grandir
S'échapper du comm'un... *Un risque à prendre*
Le langage, en-corps *(cinq ateliers)*

Le colloque se déroulera pendant la Deuxième biennale des arts pour les enfants de zéro à sept ans, et comprendra des spectacles de cette biennale.

20-21. Europe - Acculturation - Intégration
Stratégies, expériences, enjeux pour le XXIe siècle
lieu : Paris
Renseignements :
Migrations santé, 23 rue du Louvre, 75001 Paris
tél. : 42 33 24 74
fax : 42 33 29 73

Novembre 1994

11-12. Familles en mouvement
Lieu : Genève
Renseignements :
Délégation à la petite enfance, Case postale 4, 1211 Genève 25
tél. : 022/346 94 23
fax : 022/789 30 50

Décembre 1994

3-4. L'acte en psychodrame
Congrès de la SEPT, Paris
Renseignements et inscriptions :
Sept, 9 rue Brézin, 75014 Paris

5. *La maternité aujourd'hui : état des lieux*

Colloque de la Fondation pour l'enfance, en collaboration avec l'Association de maternologie de Saint-Cyr l'Ecole, UNESCO (Paris)

Renseignements :

Fondation pour l'Enfance, 8 rue des Jardins Saint-Paul, 75004 Paris

tél. : 42 74 51 91 - 42 74 53 03

fax : 42 72 67 19

RECHERCHES DU GRAPE

Serge Lesourd

S'il te plaît dessine-moi une place

Rapport sur les associations de mineurs pour le ministère de la Jeunesse et des Sports.

Ce texte est l'intégrale du rapport préliminaire présenté au ministère de la Jeunesse et des Sports en vue de l'élaboration d'un texte de loi sur la capacité d'association entre eux des mineurs juridiques. Il situe la place de la responsabilité des adolescents face à leurs actes en fonction des données psychologiques et sociologiques actuelles.

Prix : 50 F + 10 F de frais d'envoi

Serge Lesourd, Jean-Yves Barreyre

La mort peut attendre...

Rapport sur le seuil de tolérance des parents à la déviance de santé des adolescents

Texte de la recherche remise au ministère de la Santé et au CFES sur le rapport des parents aux difficultés de leurs adolescents. Cette étude a été réalisée à partir du CAP, Centre de consultation pour les parents.

Prix : 50 F + 10 F de frais d'envoi

Xavier Pommereau

Phénomènes de deuil et suicide à l'adolescence

Xavier Pommereau, psychiatre au CHR Tripode de Bordeaux, explique, à partir de sa pratique d'accueil d'adolescents suicidants, les problématiques des adolescents face au deuil et à la mort.

Prix : 20 F + 8 F de frais d'envoi

Le placement Familial, 25 ans de recherches

(novembre 1992)

Recueil de textes de divers praticiens, cet ouvrage retrace l'évolution de la pensée sur le placement familial en France depuis vingt-cinq ans. Outil de réflexion, il permet à chacun de saisir les enjeux de la séparation de l'enfant d'avec sa famille d'origine.

Prix : 150 F + 20 F de frais d'envoi

ASSOCIATION FORMATION-ENFANCE GRAPE

OBJECTIFS

— Permettre la recherche dans tous les domaines de l'enfance.
— Diffuser les connaissances acquises sur l'enfant tant auprès des professionnels de l'enfance et des parents, que dans les lieux d'enseignement (universités, écoles, organismes de formation...).
— Mettre en place des dispositifs pédagogiques et développer des expérimentations concernant l'enfance : actions de formation d'adultes, lieux de paroles... (voir l'affiche-programme).
— Créer des réseaux interculturels et interdisciplinaires pour développer une conception globale de l'enfance (rôle des groupes permanents de réflexion).

BUREAU

Président : Henri De Caevel, médecin, psychanalyste.
Trésorière : Diouldé Chartier, diplômée de l'EDHEC.
Secrétaire : Michel Bass, médecin, sociologue.

ADMINISTRATION

Denise Bass, directrice
Nicole Chrétien, directrice adjointe
Mireille Le Navenant
Nicole Peltier

GROUPES PERMANENTS DE REFLEXION

Petite enfance : Pascale Mignon, psychothérapeute.
Christian Nain, psychanalyste.
Placement familial : Denise Bass, psychopédagogue.
Arlette Pellé, psychanalyste.
Interculturel : Denise Bass, psychopédagogue.
Adolescence : Serge Lesourd, psychanalyste.
Protection de l'enfant : Françoise Petitot, psychanalyste.
Serge Lesourd, psychanalyste.

COMITÉ DE RÉDACTION DE LA LETTRE

Denise Bass, Nicole Chrétien, Pascale Mignon, Arlette Pellé,
Françoise Petitot
Directeur de la publication : Serge Lesourd.

FORMATEURS

Christine Arbisio, Maryvonne Barraband, Denise Bass,
Fabienne Caille l'Etienne, Nicole Chrétien, Denis Collot,
René Dias, Micheline Duplantier, Régine Grosos, Jocelyne Lamalle,
Marie-Noëlle le Grevès, Serge Lesourd, Martine Menès,
Martine Mercier, Pascale Mignon, Christian Nain,
Geneviève Ostier, Arlette Pellé, Catherine Pénigaud,
Françoise Petitot, Didier Potin, Dominique Rivals,
Rita Sauloup, Hélène Speekenbrink, Yvon Vinet.

DOCUMENTATION DU GRAPE

Sous la direction de Denise Bass

On naît toujours d'une famille et après ?

Ed. Lierre et Coudrier/GRAPE, 1991, 215 pages

« Placer » un enfant, c'est d'abord le « déplacer », le séparer d'une famille qui, même pathogène, l'inscrit dans une histoire et une filiation. En cette époque où se sont succédé une loi sur la protection de l'enfance et la Convention internationale des droits de l'enfant, comment peut-on interroger les pratiques afin de permettre à l'enfant « placé » de se reconnaître malgré tout dans sa lignée ? Comment respecter les droits des familles en harmonie avec l'intérêt de l'enfant ? Comment définir la fonction d'une famille d'accueil entre tous les modèles familiaux, modernes ou traditionnels ?

Prix adhérent : 140 F + 20 F de frais d'envoi
Prix public : 175 F + 20 F de frais d'envoi

Sous la direction de Françoise Petitot et Serge Lesourd

Protéger l'enfant en danger
Une pratique des conflits.

Editions Erès, 1994, 224 pages

La protection de l'enfance est issue de conflits intrafamiliaux, et tissée de conflits entre les équipes, alors que le but, souvent avoué, de sa pratique est d'arriver à un consensus entre les parties dans l'intérêt « supérieur » de l'enfant. Pourquoi s'instituent ces conflits entre professionnels ? Quelles sont les logiques qui y président ? Comment permettre que ceux-ci se vivent sans détruire les professionnels, les institutions et l'enfant qu'ils prennent en charge ? Comment faire de ces conflits des espaces qui ne soient plus destructeurs, mais des ouvertures pour une créativité et la reconnaissance de différences ? Cet ouvrage, est donc un lieu conflictuel d'échanges entre praticiens du champ de la protection de l'enfance, et il ouvre à une réflexion sur une éthique de ces pratiques difficiles.

Prix adhérent : 118 F + 20 F de frais d'envoi
Prix public : 148 F

Sous la direction de Serge Lesourd

Adolescents dans la cité

Editions Erès, 1992, 224 pages

Comment permettre aux adolescents de s'instituer dans le social sans les renvoyer à un avenir hypothétique de travailleurs ou de parents ? Comment répondre à l'urgence sociale que représentent les demandes multiples des adolescents de notre société de consommation et de marché ? Comment se situer face à la montée de la violence dans les cités de banlieues des grandes villes, à l'isolement des campagnes ou à la violence autodestructrice du suicide ou des accidents ?

Prix adhérent : 135 F + 20 F de frais d'envoi
Prix public : 165 F + 20 F de frais d'envoi

Sous la direction de Françoise Groud-Dahmane

Enfants d'ici, enfants d'ailleurs

Editions Erès, 1993, 164 pages

Ce recueil de textes pluridisciplinaires se veut un outil de travail à l'usage des professionnels confrontés dans leur pratique quotidienne aux problèmes posés par l'accueil du petit enfant issu d'autres cultures, et plus généralement par la socialisation des enfants. La problématique de l'altérité est au cœur de toute approche interculturelle qui ne peut qu'être un ressort pour l'innovation en matière de travail social auprès de l'enfance.

Prix : 110 F + 20 F de frais d'envoi

Sous la direction de Denise Bass et Arlette Pellé

Le Placement Familial, un lieu commun ? Vingt-cinq ans après, les perspectives

Editions Erès, 1993, 336 pages

Au-delà des changements évidents qui ont marqué les pratiques depuis vingt-cinq ans, le placement familial rencontre l'incertitude actuelle concernant l'enracinement humain : filiation, procréation, naissance et mort. L'évolution des représentations de l'enfant, de la famille, de la santé mentale nécessite d'interroger la place et le devenir de l'enfant placé.

Prix adhérent : 160 F + 20 F de frais d'envoi
Prix public : 195 F + 20 F de frais d'envoi

« La lettre » du GRAPE

Déjà parus

Année 1990 : Prix : 100 F + 10 F de frais d'envoi
Réédition en un seul volume de :
n° 2 *Enfances plurielles* - n° 3 *Le coût de l'adolescence* - n° 4 *Construire du parent*
sous l'intitulé *Enfances au singulier*

Année 1991 : abonnement 100 F (3 numéros par an) + frais d'envoi 20 F. Le numéro 50 F + 8 F de frais d'envoi
n° 5. *Espaces et territoires de l'enfant*
n° 6. *Protection de l'enfant*
n° 7. *Il aura été un enfant*

Année 1992 : abonnement 110 F (3 numéros par an) + frais d'envoi 20 F. Le numéro 50 F + 8 F de frais d'envoi
n° 8. *Eveil de l'émotion esthétique*
n° 9. *Désirs d'enfants*
n° 10. *Des adultes... pour un enfant !*

Année 1993 : abonnement : 220 F (4 numéros par an) - franco de port. Le numéro 75 F
n° 11. *Politique et enfance*
n° 12. *Qu'est-ce qu'une mère ?*
n° 13. *Ethique et prévention*
n° 14. *Les travailleurs de l'enfance*

Année 1994 : abonnement : 220 F (4 numéros par an) - Franco de port. Le numéro 75 F
n° 15. *Le désarroi des parents*
n° 16. *Du côté des filles à l'adolescence*
n° 17. *Autonomie ou solitude de l'enfant*

A paraître en 1994

n° 18. *L'enfant et la violence sociale*
De tout temps, l'enfance a été prise dans la violence sociale. Ce terme évoque habituellement les grands « fléaux » (guerre, épidémies, famine) dont l'enfant est la première victime. Pourtant, d'autres formes de violence sociale, plus subtiles, sont apparues dans notre société protégée de ces « fléaux ». En quoi celles-ci (séparation parentale, *struggle for life*, individualisme, etc.) influent-elles sur le devenir de l'enfant ? Les violences adolescentes contre soi-même (suicide, dépression, toxicomanie) et contre les autres (vols, agressions, etc.) sont-elles des réponses à cette violence exercée sur l'enfant ?

Thèmes des numéros de l'année 1995

n° 19. Mars : *Les secrets de famille*
n° 20. Juin : *L'enfant et sexuel*
n° 21. Octobre : *L'enfant partagé*
n° 22. Décembre : *L'enfant et les mondes virtuels*

GRAPE Formation
STAGES A PARIS
2ème semestre 1994

4.7 - Comment répondre à l'urgence de la crise ?
12, 13 septembre et 26, 27 septembre

4.4 - Enfant placé -Enfant déplacé
Niv. I - *12, 13, 14 septembre et 26, 27, 28 septembre*
Niv. II - *2, 3, 4 novembre*

2.2 - Animation des lieux d'accueil parents-enfants
14, 15, 16 septembre et 28, 29, 30 septembre

3.2 - Quelle place pour l'adolescent dans la société ?
19, 20, 21 septembre et 10, 11, 12 octobre

2.4 - Avant 6 ans, tout est-il joué ?
19, 20 septembre et 6, 7 octobre

1.2 - Eveil culturel : comment aider le jeune enfant à se construire ?
21, 22, 23 septembre et 12, 13, 14 octobre

4.6 - On ne dit pas non à ses parents ! Comment prévenir l'inceste ?
22, 23 septembre et 13, 14 octobre

4.1 - L'adulte face à l'expression du mal-être de l'enfant
Niv. II - *26, 27 septembre et 10, 11 octobre*

5.4 - La responsabilité dans les lieux d'accueil de la petite enfance : le projet pédagogique
Niv. II - *5, 6, 7 octobre*

3.5 - Adolescents : la violence des jeunes
3, 4 novembre et 17, 18 novembre

4.5 - Enfants en danger : prise en charge de l'enfant et de sa famille
Niv. II - *7, 8 novembre et 1, 2 décembre*

4.8 - L'enfant et la mort
7, 8 novembre et 28, 29 novembre

4.3 - Niv. I - Jeu et communication : outil de relation avec les enfants en grande difficulté
14, 15, 16 novembre et 28, 29, 30 novembre

5.3 - Niv. II - Travailler avec les assistantes maternelles de crèches familiales ou indépendantes
16, 17, 18 novembre

1.4 - Quels risques nécessaires pour grandir ? Eviter les dangers, permettre l'autonomie
21, 22 novembre et 5, 6 décembre

6.1 - Travail en équipe
21, 22, 23 novembre et 5, 6, 7 décembre

2.1 - Quelle place pour les professionnels dans les premières relations parents-enfants ?
23, 24, 25 novembre et 14, 15, 16 décembre

2.6 - Accompagnement des maternités difficiles : place du désir d'enfant
24, 25 novembre et 8, 9 décembre

3.3 - Place des professionnels dans l'autonomisation des adolescents
30 novembre et 1, 2 décembre

5.2 - Formation de formateurs d'assistantes maternelles : perfectionnement
Niv. II - *7, 8, 9 décembre*

1.3 - 4.3 - Enjeux de la sexualité infantile. Place de l'adulte dans sa relation au corps de l'enfant
Niv. II - *12, 13, 14 décembre*

FORMATION PERSONNELLE
Supervision individuelle avec un psychanalyste formateur au GRAPE : nous contacter.

Tout renseignement sur nos activités peut être demandé au siège :
GRAPE - Formation-enfance
8 rue Mayran, 75009 Paris, tél. : (1) 48 78 30 88

Les propositions d'articles
sont à adresser au Directeur de publication
GRAPE
8 rue Mayran
75009 Paris

Les textes sont publiés sous la seule responsabilité de leurs auteurs.

la lettre DU GRAPE

publie quatre numéros thématiques par an

1994 : 220 F

n° 15 *Le désarroi des parents*
n° 16 *Du côté des filles à l'adolescence*
n° 17 *Autonomie ou solitude de l'enfant*
n° 18 *L'enfant et la violence sociale*

Adresser les demandes d'abonnement avec le paiement correspondant à :
Editions Erès
11 rue des Alouettes
31520 Ramonville
tél. : 61 75 15 76 / Fax : 61 73 52 89

Achevé d'imprimer sur les presses de **Paragraphic** – 31240 **L'UNION** (Toulouse)
Dépôt légal : Octobre 1994